Allgemeinbildung für Angeber

Gerald Drews und Pat Lauer

Allgemeinbildung für Angeber

ORBIS VERLAG

Der Text dieses Buches entspricht den Regeln der neuen deutschen Rechtschreibung

ISBN 3-572-01095-0

Konzeption: Gerald Drews Medienagentur GmbH, Augsburg
Redaktion: Birgit Adam, Augsburg
Illustrationen, Herstellung und Satz: Robert Erker, Augsburg
Druck und Bindung: GGP Media, Pößneck

Printed in Germany

Inhalt

Vorwort

Politiker jammern, Lehrer schütteln die Köpfe und Eltern sind fassungslos: Unlängst brachte eine internationale Studie an den Tag, dass die Deutschen in Sachen Bildung nur noch unter „ferner liefen“ rangieren. Nicht einmal unter den Top Ten tauchte das Land der Dichter und Denker auf. Die bisherige Selbstein- und -überschätzung wurde gnadenlos von der Realität überholt. Das Fehlen der Allgemeinbildung wurde daraufhin wortreich bemängelt. Zu früh würden unsere Schüler „spezialisiert“, zu wenig Wert werde in unseren Bildungstempeln auf die Vermittlung wirklich umfangreichen Wissens gelegt.

Doch woran liegt's, dass Universalgenies, wie es Goethe, Kant und Heisenberg noch waren, heute so rar geworden sind? Nun – während sich die Aufnahmekapazitäten des menschlichen Gehirns nicht entscheidend vergrößert haben, ist die Flut der zur Verfügung stehenden Informationen stetig im Wachstum begriffen. Im Klartext: Es gibt viel zu viel Wissen auf viel zu vielen Gebieten, als dass es einem Einzelnen möglich wäre, auch nur einen Bruchteil dieses Gesamtwissens im eigenen Kopf parat zu haben. Und daran wird sich so schnell auch nichts ändern, selbst wenn Lehrinhalte und Lehrmethoden verbessert werden. Fortschritte zu einem deutlichen Plus an Allgemeinbildung lassen sich sicherlich mittelfristig erzielen – doch das gesammelte Wissen der Welt zu vermitteln, ist ein unmögliches Unterfangen geworden.

Nun sei an dieser Stelle aber auch die Frage gestattet, ob dies tatsächlich notwendig ist. Ohne eine Lanze für die Spezialisierung des Denkens brechen zu wollen, lohnt es sich doch durchaus darüber nachzusinnen, wer Allgemeinbildung auf welche Weise und warum definiert. Ist die umfassende Art der Bildung, wie sie beispielsweise der Autor Dietrich Schwanitz in seinem Bestseller zusammenfasst, tatsächlich nötig? Ja? Wofür denn? Verstehen Sie mich nicht falsch, aber welcher Mensch benötigt einen solchen enormen Fundus an Wissen? Natürlich lässt sich damit in Quiz-Shows glänzen und selbstverständlich kann man damit in Hochbegabten-Zirkeln Eindruck schinden, aber sonst …?

Mal ehrlich: Wann hat man Sie zuletzt nach der Schlacht von Hastings gefragt? Wem mussten Sie Einsteins Theorien erklären? Wer überforderte Sie mit der Bitte um eine Erklärung des julianischen Kalenders? Welche wirkliche Bedeutung haben Lessings gesammelte Werke für Sie persönlich? Wenn Sie tatsächlich jemals in der Verlegenheit waren, solche oder ähnliche Fragen beantworten zu müssen, dann sind Sie nicht der richtige Leser für dieses Buch. Wenn Sie aber in intellektuellen Konversationen nicht allzu inkompetent wirken wollen, wenn Sie ab und zu Freude an geistvollen Diskursen haben, wenn Sie sich gegen die ständige Flut von verkürzten, falschen oder halben Wahrheiten wehren – dann verschafft Ihnen dieses Buch neue Möglichkeiten.

Denn Sätze wie „Die Schlacht von Hastings wurde von Cromwell gewonnen", „Einstein hat gesagt, alles ist relativ", „der julianische Kalender war total primitiv" oder „Lessing war doch dieser romantische Dichter" werden zwar gerne und oft gesagt, sind aber barer Unsinn. Und gegen diesen Unsinn können Sie sich mit Hilfe dieses Buches zumindest ab und zu eindrucksvoll zur Wehr setzen. Wenn Sie dann also widersprechen können, wenn Sie dann die richtigen Fakten parat haben, wenn Sie dann endlich einen Wichtigtuer zum Schweigen bringen, dann sind Sie vielleicht endlich mal das kluge Köpfchen, das Sie schon immer einmal sein wollten.

Aber wir geben es gerne zu, auch wir kennen diese Situation: Man steht auf einer sterbenslangweiligen Party, klammert sich an seinem Sektglas fest, weicht allzu aufdringlichen Plappermäulern aus und gerät unversehens in eine Gesprächsrunde, in der man sich vorkommt, wie der letzte ... na ja ... Banause.

Um Himmels willen! Außer uns lauter Intellektuelle! Die sprechen dann von Kunst und Kultur, von Belletristik und Poesie, von Kadenzen und Choreographien und wir bemühen uns krampfhaft, einen einigermaßen geistreichen Gesichtsausdruck zu machen und an den richtigen Stellen zustimmend zu nicken. An eine Beteiligung am Gespräch wagen wir gar nicht erst zu denken.

Das muss nicht sein. Denn Tatsache ist: Das meiste von dem hochgestochenen Geschwafel der Möchtegern-Literaten, Pseudo-Poeten und Besserwiss-Kritiker ist einfach nur Blabla, das man genauso gut anders, besser und vor allem wesentlich schlichter formulieren könnte. Zu diesem Zweck verabreichen wir Ihnen quer durchs ganze Buch verteilt neben all dem spannenden Lesestoff immer mal wieder kleine Portionen der so genannten „Bildungshäppchen“ für Angeber.
Doch wir wollen auch festhalten: Dieses Buch erhebt keinesfalls den Anspruch, umfassende Allgemeinbildung vermitteln zu können. Dazu ist es viel zu dünn. Nach der Lektüre werden Sie nicht unbedingt klüger sein. Es ist auch als Nachschlagewerk nicht unbedingt geeignet. Aber es informiert auf unterhaltsame, manchmal witzige und manchmal auch wütende Art über Dinge, von denen die Autoren glauben, dass es gut wäre, über sie Bescheid zu wissen. Und wenn's nur dem eigenen guten Gefühl dient und wenn sich damit nur ein bisschen angeben lässt …

In diesem Sinne:
Viel Spaß mit „Allgemeinbildung für Angeber“.

Ihre Autoren Gerald Drews und Pat Lauer

Das klassische Griechenland

Rund 800 Jahre vor Christus gab es in Griechenland noch nicht allzu viel Bemerkenswertes zu entdecken. Das Festland und die umliegenden Inseln waren gerade mal ordentlich besiedelt worden, der Adel hatte die frühen Könige entmachtet und es bildeten sich eine ganze Reihe verschiedener Stadtstaaten. Diese Art der eigenbrötlerischen Politik erwuchs zum einen aus der Tatsache, dass sich die verschiedenen griechischen Stämme nicht sehr grün waren und gerne unter sich blieben, zum anderen aber ergab sie sich auch aus dem unwegsamen und zerklüfteten griechischen Festland, das es schwer machte, richtige Handelsrouten einzurichten. Athen, Sparta, Korinth, Agros und Theben hießen die bekanntesten dieser Kleinstaaten, die sich samt und sonders einer „Akropolis“ rühmen durften. So nennt man eine Art befestigter Burg auf dem höchsten Punkt der Stadt – ein zusätzlicher Schutz für die Bewohner im Falle eines Angriffs.

Dennoch hatten die Griechen auch damals schon ein gewisses Zusammengehörigkeitsgefühl entwickelt, das sich am ehesten in der Erfindung der Olympischen Spiele manifestiert. 776 v. Chr. zum ersten Mal ausgetragen, blieben sie über 1000 Jahre lang ein wichtiges kulturelles Bindeglied unter den Städten. Die Wettkämpfe fanden alle vier Jahre in Olympia statt, es gab Laufdisziplinen, den Faustkampf, Wagenrennen und auch einen Wettkampf der besten Trompeter. Die Sieger waren, entgegen anders lautender Behauptungen aus der Neuzeit, keinesfalls stolze Amateure, sondern wurden von ihrer jeweiligen Stadt reich belohnt. Außer dem obligatorischen Ölzweig (vergleichbar mit der Goldmedaille) gab's für die Sportheroen der Antike durchaus ansehnliche Ländereien, Geld und allerlei Viehzeug zu gewinnen. Athen erwies sich als besonders großzügig: Den Helden winkte lebenslanges Durchfuttern auf Staatskosten bei einer überlieferten Siegesprämie von 500 Drachmen – damals ein durchaus stattliches Handgeld.

Religiöses Zentrum dieser Zeit war das Orakel von Delphi. Geweiht dem Gott Apollon, funktionierte es nach einem einfachen Prinzip: Eine Priesterin (natürlich geschmackvoll in Szene gesetzt) stammelte – wahrscheinlich unter dem Einfluss leichter oder mittelschwerer Drogen – unzusammenhängende Wortfetzen und ein Priester bastelte daraus einen möglichst vieldeutigen Satz. Wer's zu deuten wusste, fühlte sich anschließend „geholfen“. Andere verbrachten wahrscheinlich Wochen ihres Lebens mit der Suche nach einem wie auch immer gearteten Sinn.

Ich trage die ganze Last des Staates auf meinem zarten, schmalen Rücken ...

Die Mythologie der „ollen Griechen“

Gemeinsam war den Griechen auch der Glaube an verschiedene Gottheiten. Deren Sitz war der Olymp, der höchste Berg des Landes. Zeus war Chef im Ring und ansonsten hatte so ziemlich jedes Element eine eigene Gottheit.

Zimmer frei im Olymp?
Sie lebten auf dem Sitz der Götter

Zeus	oberster Gott, Gott von Blitz und Donner
Poseidon	Gott des Meeres
Hades	Gott der Unterwelt
Aphrodite	Göttin der Liebe
Athene	Göttin der Weisheit
Ares	Gott des Krieges
Hermes	Götterbote, Gott des Handels
Hephaistos	Gott der Schmiede
Artemis	jungfräuliche Göttin der Jagd
Dionysos	Gott des Weines

Nicht, dass Sie nun glauben, das wären schon alle. Weit gefehlt – das sind nur die Allerwichtigsten! So hatte beispielsweise Zeus noch einen Papa namens Kronos (Gott der Zeit), der aber dazu neigte, seine Kinder umzubringen. Dass Zeus ihm entkam, verdankte er seiner Mutter Rhea, die ihn auf Kreta versteckte und von einer Ziegennymphe aufziehen ließ. Wenn Sie dies schon verwirrend finden, könnten Sie auch noch in die pikanten Details der Geschichte einsteigen: Zeus bestieg so ziemlich jede weibliche Gottheit, wenn sie nicht bis drei auf dem Baum war, und bediente sich dazu etlicher hinterlistiger Tricks. Er verwandelte sich beispielsweise in einen Schwan, um die schöne Leda zu begatten, die daraufhin überraschend ein Ei legte, woraus die Zwillinge Castor und Pollux

schlüpften. Mit Persephone zeugte er Artemis (in diesem Fall als Schlange „verkleidet") und auch mit einigen Sterblichen pflegte er offensichtlich fleischlichen Umgang. Doch war Zeus auf Grund seiner „gehobenen" Stellung nicht etwa der einzige Lüstling – nein, auch die anderen Gottheiten beiderlei Geschlechts frönten fröhlich ihren Trieben. Die Einzelheiten müssen (und wollen) wir Ihnen an dieser Stelle allerdings schuldig bleiben.
Auch die folgenden Personen und Sachverhalte sollten bei Bildungsfragen zum Thema Mythologie nicht vergessen werden:

Prometheus
Titan und Bruder des Weltenträgers Atlas. Ein Revoluzzer, der den sterblichen Menschen gegen Zeus' Willen das Geheimnis des Feuers enthüllte. Wurde zur Strafe an einen Felsen gekettet und zwei Adler durften sich an seiner Leber gütlich tun. Außerdem schuf Zeus als Strafe für die Menschen die so genannte „Pandora" – die schönste aller Frauen. Diese besaß einen Kasten, der alle Plagen der Menschheit enthielt: Wahnsinn, Hunger, Krankheit, Laster und noch etliches mehr. Man mag sich unschwer ausmalen, dass dieser Kasten besser nie hätte geöffnet werden sollen. Ist aber trotzdem passiert. Pech.

Ödipus
Sohn des König Laios. Dieser wiederum Nachkomme der Göttin Europa (ebenfalls von Zeus verführt): Laios wurde geweissagt, sein Sohn würde ihn dereinst umbringen und ihm dann seine eigene Frau wegschnappen. Logische Konsequenz: Laios setzte den kleinen Ödipus aus. Dieser wurde von einem Hirten erzogen, traf seinen Vater und erschlug ihn während eines Streits, ohne zu wissen, dass es sich um seinen Vater handelte. Anschließend löste er in Theben das Rätsel der Sphinx, vertrieb damit das Menschen fressende Vieh aus der Stadt, wurde zum König der Stadt ernannt (Laios war ja nicht mehr da), heiratete die verwitwete Jokaste (seine eigene Mutter), bekam schließlich die ganze schreckliche Wahrheit

Sokrates

Kein einziges schriftliches Wort hat Sokrates hinterlassen, doch in seinen Schülern (Platon u.a.) lebt sein Werk fort. Der Athener (geb. um 470 v. Chr.) gilt als Meister des Dialogs und der kritischen Frage. „Ich weiß, dass ich nichts weiß", lautet sein Kernsatz, auf dem er seine Lehren basieren lässt. Die Mehrung des Wissens und der Erkenntnis versucht er in langen Gesprächen und Diskussionen mit seinen Anhängern und Schülern zu erreichen. Dabei geht er davon aus, dass die Erkenntnis lediglich die Fähigkeit ist, sich wieder zu erinnern. Als Moralphilosoph vertritt er die Auffassung, dass das begründete Wissen um das Gute bereits das richtige Handeln nach sich ziehen müsse. Sokrates stirbt hoch geachtet um 399 v. Chr.

Vorsicht!
Bildungshäppchen

„Ich weiß, dass ich nichts weiß" – Sokrates war sich der verstörenden Wirklichkeit des Nichtwissens bewusst und animierte damit seine Mitmenschen zur ständigen Überprüfung ihrer selbst. Dass er damit die Relevanz der Einschätzung von sittlicher Reife und zur schlussendlichen Suche nach dem intellektuellen und ethischen Ideal motivierte, ist so selbstverständlich, dass die Erwähnung fast obsolet erscheint. Was bedeutet das? Dass man noch so viel lernen kann, ohne auch nur einen Teil von dem zu wissen, was es zu wissen gibt.

Ich weiß, dass ich alles weiß, Herr Jauch.

Platon
Berühmt wird der griechische Philosoph mit einer Fabel: Platon erfindet die Legende vom untergegangenen Kontinent Atlantis, die sein Leben und noch viele weitere Jahrhunderte bis zum heutigen Tag überdauert. 428 v. Chr. geboren, übernimmt er von seinem Lehrer Sokrates den Dialog als Mittel zur Erkenntnis. Sein Hauptaugenmerk liegt dabei auf dem „Wesen einer Sache", wobei seiner Meinung nach die sichtbare Welt ein bloßes Abbild ewiger, unveränderlicher Urbilder (Ideen) ist. Platon ist jedoch auch ein politischer Philosoph, der versucht, in seiner „Politeia" ein Bild des idealen Staates zu entwerfen. Darin herrschen die Philosophen über die Krieger, während Bauern, Händler und Handwerker das gemeine Volk bilden.

Archimedes
Wenn Schüler heute in Physik über den Hebelgesetzen schwitzen, dann haben sie dieses Leid einem Mann namens Archimedes zu verdanken. Der griechische Physiker und Mathematiker (geb. um 287, gest. um 212 v. Chr.) entdeckte das besagte Hebelgesetz und ist ganz nebenbei für die Berechnungsformeln von Kreisinhalt (die so genannte Kreiszahl π = pi), Kreisumfang, Parabeln und Quadratwurzeln verantwortlich. Großes leistet er auch als Erfinder: So konstruiert er eine mechanische Bewässerungsanlage, ein Brennglas, den Flaschenzug und entwickelt das archimedische Gesetz des „Auftriebs": Der Auftrieb eines in Flüssigkeit eingetauchten Körpers entspricht dem Gewicht der von ihm verdrängten Flüssigkeitsmenge.

Das geräuschlose Ende

Wie aber endete die griechische Herrlichkeit? Warum konnte sie die Jahrhunderte nicht überdauern? Kam es zum großen Knall?
Nein – die Blütezeit des klassischen Griechenlandes endete weit unspektakulärer, weit langweiliger – fast geräuschlos. Im Westen Griechenlands war zwischen 700 und 200 v. Chr. eine neue, andere und dennoch artverwandte Kultur entstanden: die Kultur der Römer. Der „Stadt auf den sieben Hügeln" war es gelungen, in zwei gewaltigen Kriegen das seefahrende Volk der Karthager (Punier) zu besiegen, Italien zu einigen, eine Art „Urverfassung" niederzulegen und nun hatte man Hunger nach mehr.

Die Punier

Die Punier, später auch Phönizier genannt, hatten ihr Zentrum in der nordafrikanischen Stadt Karthago. Zwischen 264 und 241 v. Chr. waren sie der aufstrebenden Weltmacht der Römer bereits einmal unterlegen – unternahmen jedoch noch einen zweiten, höchst dramatischen Versuch. Ihr genialer Heerführer Hannibal durchquerte in einer beispiellosen Gewaltaktion mit 100 000 Soldaten und knapp 40 Kriegselefanten Südfrankreich und die Alpen und fiel sozusagen „von hinten" über Italien und die Römer her. Diese verlegten sich auf heimischem Territorium auf eine Art Guerillataktik, brachten den Vormarsch Hannibals zum Stehen und zwangen ihn zum Rückzug. Geschwächt kehrte er heim nach Nordafrika, wo ihn der römische Heerführer Scipio schon erwartete und bei Zama entscheidend besiegte. Hannibal beging später Selbstmord, gilt aber bis heute als einer der kühnsten Feldherren aller Zeiten.

Das alte Rom

Bei ihrem Vorstoß in den Südosten (etwa ab 200 v. Chr.) wurden die Römer auch von außen begünstigt: Die Griechen waren nämlich unter der Führung Athens etwas „dekadent" geworden. Auf Militär und die damit verbundene Disziplin wurde zu dieser Zeit längst nicht mehr so viel Wert gelegt wie noch 200 Jahre zuvor. Der Handel florierte und auch wenn man seit dem Tod des Alexander über kein eigenes Weltreich mehr verfügte, so hatte man doch Verbündete in der gesamten Region und wähnte sich vergleichsweise sicher. Im Gegensatz dazu besaßen die Römer ein sehr straff organisiertes Heer, so dass sie bei ihrem Vormarsch nur sehr wenig Widerstand zu brechen hatten. Innerhalb von nur 70 Jahren waren Makedonien und der östliche Mittelmeerraum erobert – der Grundstock für das römische Imperium war gelegt.

Die Sage von Roms Gründung

Rom, die Stadt auf den sieben Hügeln, wurde angeblich von den Zwillingen Romulus und Remus gegründet. Diese beiden Adelskinder sollen als Säuglinge auf einem dieser Hügel ausgesetzt worden sein. Eine Wölfin nahm sich ihrer an und säugte die Kinder an ihren Zitzen. Die Zwillinge überlebten und gründeten auf den Hügeln die Stadt. Die an den Zitzen der Wölfin saugenden Kinder wurden zum Wahrzeichen der Stadt Rom. Wann das passierte? Na, „753 – Rom schlüpfte aus dem Ei." Wann sonst?
Wie so oft in der Geschichte (siehe Griechenland, siehe Alexander der Große) bedurfte es aber einer echten Führungspersönlichkeit, um die Expansion eines Reiches zur Vollendung zu führen. Diese hatten die Römer im ehemaligen Konsul Gaius Julius Caesar. Bis zu seiner Machtergreifung war auch die römische Verfassung – inspiriert vom griechischen Vorbild – zumindest partiell demokratisch. Zwei gleichberechtigte Konsuln wurden von den Bürgern jährlich neu gewählt. Diese

Konsuln wiederum ernannten Senatoren, die wiederum die Konsuln, die gleichzeitig auch oberste Heerführer waren, kontrollierten. Diese Senatoren (ursprünglich 300, später bis zu 650) hatten ihr Amt auf Lebenszeit inne. Ein wichtiges Bindeglied zwischen den Bürgern und dem Senat waren die Volkstribunen, die das Recht auf einen Einspruch (Veto) gegen Senatsentscheidungen hatten, wenn diese nicht im Sinne des gemeinen Volkes ausfielen. Das System funktionierte ganz ordentlich, bis der besagte Julius Caesar sich zum alleinigen Konsul „putschte", den Senat zumindest teilweise entmachtete und zur Eroberung Europas ansetzte.

Gaius Julius Cäsar

56 Jahre alt wird Gaius Julius Cäsar. Geboren um 100 v. Chr., wird er 44 v. Chr. von einer Hand voll Verschwörer ermordet. Zu seinen Lebzeiten jedoch gilt Cäsar als mächtigster Mann der bekannten Welt. Mit seinen Feldzügen gegen Gallien (51 v. Chr.) und Britannien (55/54) macht er sich zunächst einen Namen als genialer Stratege. 48 v. Chr. besiegt er seinen Rivalen Pompejus – der Einzige, der ihn noch von der unumschränkten Macht trennt. Er lässt sich zum Alleinherrscher ausrufen und organisiert das römische Staatswesen um. In seine Amtszeit fällt auch die Einführung des julianischen Kalenders sowie die Errichtung bedeutender Bauwerke im antiken Rom. Auch als Schriftsteller wird er Lateinschülern aller Zeiten ein Begriff: Seine militärhistorischen Werke über den Gallienfeldzug („De bello gallico") und den römischen Bürgerkrieg („De bello civili") gelten als Standardwerke der historischen Literatur. Ab dem Jahr 293 n. Chr. dient sein Name als Vorbild für die Bezeichnung von Alleinherrschern: Die Unterkaiser des römischen West- und Ostreichs nennen sich „Cäsaren" – der Begriff lebt bis heute in den Worten „Kaiser" und „Zar" fort.

Rom unter der Herrschaft der Cäsaren

Im Jahr 44 v. Chr. – genauer gesagt an den „Iden des Märzes" (15. März) – wird Caesar durch eine Verschwörergruppe um einen gewissen Cassius und seinen Adoptivsohn Brutus ermordet („Auch du mein Sohn Brutus", soll Caesar geröchelt haben – eine These, die bei Historikern auf Skepsis stößt: Zum einen bekam Caesar nach Augenzeugenberichten etwa acht Dolche in den Rücken, zum anderen dürfte er den maskierten Brutus gar nicht erkannt haben. Und versuchen Sie mal mit einer Unzahl von Messerstichen im Leib noch einen solch poetischen Satz zu formulieren ...). Vor seinem Tod jedoch begründete er ein Weltreich (Imperium), das seinesgleichen sucht. Er eroberte das heutige Frankreich (Gallien) und verfasste darüber sogar eine Art „Kriegsbericht", der heutigen Lateinschülern unter dem Namen „De bello gallico" („Über den gallischen Krieg") bekannt ist. Auch große Teile Germaniens geraten unter römische Herrschaft, die Iberische Halbinsel wird unterworfen und sogar bis Britannien rücken die römischen Truppen vor und besetzen die Insel größtenteils. Nur der äußerste Norden leistet Widerstand, so dass die Römer diesen kurzerhand mit dem so genannten „Hadrianswall" abschließen. Auch Nord-Germanien, das sich nicht unter die römische Fuchtel bringen lassen will, wird mit einem solchen Befestigungswall abgeriegelt: Dieser nennt sich Limes und verläuft vom heutigen Franken über Mittelhessen bis an den Rhein und darüber hinaus. Städte wie Köln, Aachen, Koblenz und Augsburg sind Gründungen der Römer – ihre Kultur und Lebensweise bestimmten den europäischen Rhythmus rund 500 Jahre lang.

Auf Caesar, dessen Namen schon nach seinem Tod zum Synonym für den Begriff „Kaiser" wird, folgen mehr oder weniger kompetente Nachfolger. Marcus Antonius, der sich im Nachfolgekrieg zunächst gegen Caesars Mörder durchsetzt, lässt sich von der schönen ägyptischen Königin Cleopatra verführen und in die Dekadenz treiben, begeht schließlich Selbstmord und macht Platz für Octavian. Dieser nennt sich „Augustus" (der Erhabene) und macht seinem selbst gewähl-

ten Titel alle Ehre: Er befriedet die Grenzen des Weltreichs, sorgt für die endgültige Akzeptanz seines Kaisertums und übergibt den Thron schließlich problemlos an seinen Sohn Tiberius. Allerdings fällt in seine Regierungszeit auch die Geburt eines Mannes, dessen Erben das Imperium schließlich zum Einsturz bringen werden: In Bethlehem erblickt ein gewisser Jesus Christus das Licht der Welt.
Claudius, Caligula (ein höchst eigenwilliger, größenwahnsinniger Zeitgenosse, der nicht nur durch unangenehme Mordkomplotte auffällt, sondern auch ein Pferd zum Senator ernennt) und Nero zählen zu den bekannteren Caesaren. Es folgten Vespasian, Titus, Trajan, Hadrian und Mark Aurel, wobei vor allem Vespasian in der jüdisch-christlichen Geschichte eine unangenehme Rolle spielt: Er ließ um 70 n. Chr. den Aufstand der Juden blutig niederschlagen und den Tempel von Jerusalem zerstören.

Nero

Kaum ein römischer Kaiser hat einen schlechteren Ruf – und kaum einer hat ihn weniger verdient: Nero, der eigentlich Claudius Drusus Germanicus Caesar hieß, wird im Jahr 37 n. Chr. geboren. Er herrscht nach Art der Caesaren – despotisch, zuweilen tyrannisch, aber keinesfalls maßlos. Um eventuelle Rivalitäten im Keim zu ersticken, lässt er seine Mutter Agrippina, seine Gattin Octavia und seinen Halbbruder Britannicus ermorden und dies ist sicherlich kein feiner Zug. Doch dass man ihm den „Brand von Rom“ (64 n. Chr.) in die Schuhe schiebt, ist eine Verleumdung. An diesem Tag, so berichten es die Geschichtsschreiber dieser Tage, hielt sich Nero mit seinem gesamten Hof im 60 Kilometer entfernten Antium auf und als er in der Hauptstadt eintrifft, steht diese schon lange in hellen Flammen. Er soll – so die zeitgenössischen Chroniken – bei den Löscharbeiten sogar höchstpersönlich mitgeholfen haben. Kein einziger Zeitgenosse hingegen berichtet, dass ein „halb irrer“ Kaiser mit schaurigen Moritaten das brennende Rom besungen hat. Vielmehr habe Nero der Bevölkerung über Wochen und Monate sogar Tempel,

Paläste und Gärten als Ausweichquartiere zur Verfügung gestellt.
Erst mit dem Sieg des Christentums (etwa im fünften Jahrhundert) etabliert sich das Gerücht vom Brandstifter Nero, der die Christen für die Feuersbrunst verantwortlich gemacht haben soll und Tausende von ihnen dafür umbringen ließ. Historisch ist dies jedoch nicht haltbar, auch wenn Nero sicherlich – wie die anderen Caesaren vor und nach ihm – absolut kein Freund der urchristlichen Bewegung war und die „Sekte" verfolgen ließ. Nero, der in seinen Bauten eine Vorliebe für die griechische Architektur demonstriert und im Übrigen als etwas einfältig gilt, stirbt im Jahr 68 durch Selbstmord. Die Gründe hierfür sind nicht überliefert.

Das Ende des Imperiums

Der Niedergang des römischen Imperiums lässt sich am ehesten an Kaiser Konstantin festmachen. Dieser ist der Erste, der die immer stärker und populärer werdende „Sekte" der Christen nicht mehr verfolgen und mehr oder weniger willkürlich niedermetzeln lässt. In einer Zeit der bröckelnden Grenzen sucht er sogar die Allianz mit den bis dato Verfolgten, ernennt das Christentum zur Staatsreligion und verlegt die Hauptstadt des Reiches nach Byzanz (wird daraufhin „Konstantinopel" genannt). Dass dies nicht gut gehen kann, ist heute durchaus logisch: Die Stadt Rom sucht nach einer neuen Identität, entdeckt den römischen Bischof (Christentum ist schließlich mittlerweile salonfähig) und der schwingt sich nun zu einer Art „Gegencaesar" auf und erfindet das Papsttum.

Vorsicht!
Bildungshäppchen

Das Papsttum und der Vatikanstaat
Dies ist die offizielle Lehrmeinung: Basierend auf dem Apostel Petrus – dessen Namen im Griechischen „Fels“ bedeutet –, interpretierte die frühchristliche Gemeinschaft die messianische Botschaft als Aufforderung zur Errichtung und Bewahrung eines christlich umspannten Erdballes, dessen spiritueller Mittelpunkt der Kirchenstaat zu sein hatte.
Was das bedeutet? Als Kaiser Konstantin die Hauptstadt des römischen Reiches nach Byzanz verlegte, wurde der römische Bischof von der Sorge gepackt, seine Stadt könne zum Provinznest verkommen. Flugs erfand er das Papsttum mit der abenteuerlichen Petrus = Sockel-Kombination (Jesus: „Auf diesem Fels will ich meine Kirche bauen“, petros = griechisch für Fels). Wenig später präsentiert die Kirche dann ein Dokument, das als so genannte „Konstantinische Schenkung“ in die Geschichte eingeht: Demnach hat Konstantin auf dem Sterbebett den gesamten Erdkreis und die Stadt Rom (Urbi et orbi) an Papst Silvester und dessen Nachfolger übergeben. Dass sich das Dokument Jahrhunderte später als Fälschung herausstellt, interessiert niemanden mehr: Das Papsttum ist schon längst gefestigt.

Das römische Imperium jedoch ist am Ende. Von innen ausgehöhlt und von äußeren Feinden (vor allem von germanischen Stämmen) demoralisiert, stürzt es wie ein Kartenhaus in sich zusammen. Lediglich Rom bleibt – auf Grund des Papsttums – eine bedeutende Stadt: Von hier aus wird das Christentum fortan systematisch verbreitet. Der Übergang ins Mittelalter ist vollbracht.

Vorsicht! Bildungshäppchen

Die Edda

Griechenland! Rom! Schön und gut – aber wo bleibt der Norden? Okay, okay – für alle Germanen- und Skandinavien-Fans ein paar Sätze dazu:

Hochgestochen lässt sich die „Edda“ folgendermaßen auf den Punkt bringen: Heimdals Etablierung der Zünfte und Stände unter den Menschen mag als göttlicher Versuch interpretiert werden, germanische Idealvorstellungen einer Zivilisationsstruktur vom Makel der menschlichen Unvollkommenheit zu befreien.

Was das bedeutet? Gott Heimdal nennt sich Rig, erscheint auf der Erde und erklärt den Germanen, wie sie sich zu organisieren haben. Er ernennt Bauern, Handwerker und Fürsten und wird somit zu einer Art Kultur-Architekt auf Zeit.

Das Mittelalter

Das Mittelalter wird gerne als „finster“ bezeichnet – eine Umschreibung, die dieser Ära zumindest teilweise durchaus gerecht wird. Gekennzeichnet nämlich ist diese Zeit durch Desorientierung, Neuordnung und Umbruch – heutzutage würde man dies wohl entweder als „Suche nach der Konsolidierung“ oder auch als „Strukturwandel“ bezeichnen. Die alte Ordnung des römischen Reiches war zerfallen, das Christentum auf seinem unaufhaltsamen Vormarsch, die Völkerwanderung setzte ein und schließlich meldete sich auch noch der Islam zu Wort. Verwirrende Zeiten, die man in der Regel in den Jahren zwischen 400 und 1500 n. Chr. ansiedelt.

Der Reihe nach: Um 400 n. Chr. ist das einstmals so mächtige, römische Reich zerfallen. Das vermeintliche Zentrum der Macht sitzt in Konstantinopel und obwohl dort Griechisch gesprochen wird, gilt es nach wie vor als das „Oströmische Reich“. Doch – wir erinnern uns – da Kaiser Konstantin das Christentum als Staatsreligion angenommen hat, wird von hier aus kräftig missioniert. Russen, Bulgaren und große Teile der serbischen Stämme werden zum Christentum bekehrt – sie übernehmen die kyrillische Schrift der Griechen und die so genannte „griechisch-orthodoxe“ Kirchenverfassung. Zwischen Rom, das mit dem Papst das kirchliche Oberhaupt für sich reklamiert, und der Ostkirche entstehen immer wieder Differenzen. In Konstantinopel hat man einen Patriarchen auf dem Thron des Kirchenfürsten etabliert und dieser wie seine Nachfolger wollen sich mit der römischen Führungsrolle partout nicht abfinden. Zudem kommt es immer wieder zu theologischen Grundsatzstreitigkeiten, so dass die christliche Kirche schon im fünften Jahrhundert ihres Bestehens de facto gespalten ist. Zum endgültigen Bruch kommt es aber erst im Jahre 1204, als ein Kreuzfahrerheer Konstantinopel erobert und verwüstet – die Ostkirche sagt sich anschließend endgültig von Rom und dem Papsttum los. Doch dazu später mehr.

Vorsicht! Bildungshäppchen

Die Artus-Saga

So klingt's bei den Superschlauen: Die mystische Suche nach dem Heiligen Gral steht zweifellos für das menschliche Streben nach Vollkommenheit mit göttlicher Hilfe. Die Tafelrunde ist eine Metapher für die humanistische Ausbildung des moralischen Kodex von Freundschaft und damit ein Vorbild des Rittertums.

Was das bedeutet? 500 n. Chr. herrschte ein gewisser Artus angeblich über Britannien. Dabei hatte er einen Zauberer namens Merlin, der ständig ein paar Ideen und spektakuläre Tricks einstreute, eine böse Hexe als Gegenspielerin und ein paar Saufkumpane, von denen sich ein gewisser Lancelot ausgerechnet in Artus' Frau verguckt hatte. Actionreiche Handlung mit jeder Menge Fecht- und Prügelszenen.

Erinnern wir uns an dieser Stelle an den Titel dieses Buches: Was muss man wissen, um mitreden zu können? Da das Mittelalter ein viel zu umfangreiches Thema ist, um es hier abschließend behandeln zu können, haben wir uns für die Erklärung von wichtigen Stichworten entschieden, die in eine ungefähre chronologische Reihenfolge passen.

Die Völkerwanderung

Wie und warum sie begann ist nicht mehr im Einzelnen nachvollziehbar. Fest steht, dass die Völkerwanderung irgendwo in den Steppen Asiens ihren Anfang nahm und sehr schnell nach Europa überschwappte. Europa galt plötzlich als verlockendes Siedlungsgebiet für die verschiedensten, mehr oder weniger organisierten Stämme. Das römische Imperium war zerfallen, einen „starken“ Ersatz dafür gab es nicht – das Machtvakuum wollte ausgefüllt sein. Darum bemühte sich zunächst erfolgreich das Reitervolk der Mongolen. Dieses hatte in wilder Hatz die Steppen und Berge des heutigen Russlands durchquert und war in den Osten Germaniens eingefallen. Woher sie den Namen „Hunnen“ hatten, ist heute nicht mehr nachvollziehbar, aber sie siedelten sich in einem Gebiet an, das bis dato von verschiedenen germanischen Stämmen bevölkert gewesen war. Manche dieser Stämme arrangierten sich mit den locker organisierten Eindringlingen, andere zogen die Flucht in Richtung Westen vor. Während beispielsweise die Ostgoten blieben, flüchteten die Sweben (heute: Schwaben), die Alanen (heute: Alemannen) und die Burgunder und auf diese Weise entwickelten sich gewaltige Züge, die marodierend und auf der Suche nach neuem Siedlungsland ins Gebiet des heutigen Deutschland und bis weit nach Frankreich hineinzogen. Am erfolgreichsten im großen „Verdrängungswettbewerb“ erwiesen sich die Franken. Sie siedelten sich in Gallien an – blieben aber mit ihrer ursprünglichen Heimat zwischen Karlsruhe und Nürnberg immer in engem Kontakt, so dass hier bereits der Grundstein für das spätere fränkische Großreich gelegt wurde.

Das Nibelungenlied

Haben wir die Franken soeben als den erfolgreichsten der wandernden Stämme gepriesen, so müssen wir die Burgunder als den glücklosesten bezeichnen. Ihre Tragödie wird im „Nibelungenlied" beschrieben, einem mittelhochdeutschen Epos von beeindruckenden Ausmaßen. Es geht zunächst um einen kettenrasselnden Halbstarken namens Siegfried (stammte aus Xanten und war ungemein blond), der zunächst einen Drachen tötet, in dessen Blut badet und dadurch fast unverwundbar wird. (Lediglich eine Stelle, auf die während des Bades ein Blatt fällt, wird nicht gepanzert und dies wird dem recht kräftigen Recken schließlich zum Verhängnis). Mittels einer Tarnkappe, die er von Zwergen erhält, hilft Siegfried dem recht schwächlichen König Gunter dabei, das tierisch kräftige Mannsweib Brunhild ins Ehebett zu kriegen, kann aber den Mund nicht halten, prahlt damit und wird daraufhin von einem burgundischen Kämpfer namens Hagen an der besagten „Blattstelle" per Speerstoß hinterrücks ins Jenseits befördert. Siegfrieds trauernde Witwe Kriemhild, pikanterweise eine Schwester des besagten Gunter, heiratet daraufhin den Hunnenkönig Etzel (auch als „Attila" bekannt), lädt die burgundische Familie zum entsprechenden Hochzeitsfestmahl ein und lässt die gesamte Sippschaft unter einem recht fadenscheinigen Vorwand abschlachten. Als letzter der Nibelungen, wie sich die Burgunder selbst nennen, wird besagter Hagen erschlagen, der aber immerhin so clever war, das Unheil und Kriemhilds Rache schon vorher zu ahnen und die Familienjuwelen im Rhein zu versenken. Die Suche nach dem so genannten Nibelungenschatz dauert übrigens (erfolglos) bis zum heutigen Tag.

Langer Rede kurzer Sinn: Der burgundische Hochadel war nach dem Gemetzel vernichtet. Aber immerhin überlebte ein kleiner Rest der tapferen Landsmannschaft, flüchtet nach Frankreich und lässt sich in der Gegend nieder, die heute „Bourgogne" heißt.

Ja, da Siggi wird´s scho richten.

Vorsicht!
Bildungshäppchen

„Der Ring der Nibelungen" von Richard Wagner
So sagt man in Bayreuth: Wagners gewaltiges Epos ist eine Gleichung für das stete Aufeinanderfolgen von Triumph und Tragödie – von Herrlichkeit und Vernichtung. Unterschwellig benutzt er seine sich selbst in Edelmut verzehrenden Helden als Katalysatoren für die Darstellung eines Menschen verachtenden Strebens nach Macht.
Was das bedeutet? Ein kettenrasselnder Halbstarker namens Siegfried geht nicht eben freundlich mit seiner Umgebung um, haut so ziemlich alles kurz und klein, was er mit seinem Schwert erwischen kann, beschummelt und prügelt sich durchs Leben und wird schließlich von einem zwar tumben, aber immerhin wohlmeinenden Burgunder-Krieger heimtückisch ermordet. Dass dabei auch die Götter sterben und die Welt plötzlich dem Untergang geweiht ist, ist zwar nicht logisch, bringt aber viel tragischen Abgesang stattlicher Typen und blonder Mannsweiber auf die Bühne. Darauf ein dreifach kräftiges Wagalaweia!

Das Reich der Franken und die Christianisierung Nordeuropas

Kaum war die Völkerwanderung einigermaßen überstanden, wird deutlich, dass nun zwar nicht mehr ständig irgendwelche Stämme in der Gegend herumziehen, dass aber längst noch keine Ordnung in Zentraleuropa herrscht. Jeder kämpft gegen jeden – alle versuchen sich ein möglichst großes Stück vom Kuchen zu sichern. Klein- und Kleinstkönige lassen reihenweise potenzielle Nachfolger und Erben umbringen, um möglichst ohne lästige Rivalen regieren zu können, werden aber ihrerseits ständig von Nachbarn attackiert und von den diversen Thronen geschubst. Als konsequent erweist sich erst ein gewisser König Chlodwig – seines Zeichens ein Franke. Der Mann stammt aus dem Adelsgeschlecht der Merowinger und ist von keinerlei unnötigen Skrupeln belastet. Er bringt zunächst mal seine gesamte Verwandtschaft um, schafft somit genügend Verwirrung und sich selbst Respekt, unterwirft mit strategischem Geschick Burgunder und Alemannen und bastelt somit ein recht beeindruckendes Reich. Dies alles schafft er um das Jahr 500 n. Chr. und als er dann noch den christlichen Glauben annimmt, hat der einstige Barbar auch noch die Unterstützung der aufstrebenden Kirche. Ihm gelingt die Verschmelzung der christlich-römischen mit der germanischen Bevölkerung und dies wiederum führt dazu, dass sein Frankenreich – trotz recht unfähiger Nachfolger auf dem Thron – ein solides Fundament besitzt, an dem außer den anrückenden Arabern lange Zeit niemand ernsthaft rütteln will.

Karl der Große

Der wohl berühmteste, weil der erste, deutsche Kaiser hatte seinen steilen Aufstieg vor allem dem Papa zu verdanken. Dieser, ein gewisser Pippin, hatte den Nachfolgern Chlodwigs die Frankenkrone geklaut, sich selbst zum König gekrönt und – ziemlich schlauer politischer Schachzug – dem Papst große Teile des soeben erst eroberten Norditalien geschenkt. Die-

ses Gebilde, das immerhin von Rom bis Venedig reichte, heißt fortan Kirchenstaat, schmilzt aber im Laufe der Jahrhunderte zur klitzekleinen Insel, die wir heute als Vatikan kennen. Als böswillige Landsleute dem anschließend amtierenden Papst Leo III. diesen Kirchenstaat wieder abluchsen wollen, krönt er Pippins Sohn, den eingangs erwähnten Karl, einfach zum Kaiser des „Römischen Reichs", um sich damit einen schlagkräftigen Unterstützer zu sichern. Was war da passiert? Plötzlich gibt es – zumindest auf dem Papier – wieder ein römisches Reich, das allerdings nunmehr „deutscher Nation" war.
Karl verwirrt diese historische Wende kaum. Er erobert der Reihe nach eine Menge Gebiete: Die Nordprovinzen Spaniens (der Rest ist von Arabern besetzt, die jedoch nach Karls Einzug nach und nach wieder vertrieben werden), das Langobardenreich von Norditalien, und schließlich unterwirft er auch die besonders eigensinnigen Sachsen. Diese besiegt er endgültig, indem er in Verden an der Aller ein Blutbad unter Gefangenen anrichtet, das bis dato seinesgleichen sucht. Über 4000 Mann sollen an einem Tag geköpft worden sein – eine Zahl, die moderne Historiker für stark übertrieben halten. Sei's drum: Die Sachsen waren die Letzten, die Karls Idee vom großen Frankenreich Widerstand leisteten. Das Reich des Karl (geb. 768 n. Chr.), das Chlodwig rund 300 Jahre zuvor gegründet hat, umfasst nun ganz Mitteleuropa. Die Ostgrenze liegt im Gebiet des heutigen Mähren – die Westgrenze irgendwo in den spanischen Pyrenäen, die Südgrenze etwa bei Brindisi (Süditalien) und die Nordgrenze ist in etwa deckungsgleich mit der Mitte des heutigen Schleswig-Holstein. Eine reife Leistung.

Die Kreuzzüge

Ein besonders „finsteres“ Kapitel des finsteren Mittelalters erwartet uns um 1096. Immer noch existiert eine Art Frankenreich, auch wenn es mittlerweile in einzelne Teile zerfallen ist. Offiziell herrscht zwar weiterhin ein Kaiser, doch hat der auf die einzelnen Provinzfürsten nicht unbedingt entscheidenden Einfluss. Zuständig für die Einigkeit ist in diesen Jahren in erster Linie die gemeinsame Religion. So ist es nicht weiter verwunderlich, dass die Schließung der christlichen Pilgerstätten im Heiligen Land durch die arabischen Herrscher Jerusalems für einen ziemlich Wirbel sorgt und eine Art nationale Hysterie erzeugt (auch wenn es eigentlich gar keine europäisch-christliche Nation gibt). Unter der Führung eines gewissen Gottfried von Bouillon findet sich ein gewaltiges Heer zusammen.

Rund 30000 Bewaffnete machen sich auf den Weg in Richtung Palästina und tatsächlich gelingt es dem riesigen Heer, die Stadt im Juli 1099 einzunehmen. Dies ist jedoch nur ein recht kurzlebiger Triumph, denn die Moslems fügen sich keinesfalls klaglos in ihre Niederlage und schmeißen die Christen nach einigen Jahren wieder aus dem Land. Es folgen insgesamt sechs weitere Kreuzzüge mit höchst wechselvollem Verlauf. Während dieser Zeit gründen sich verschiedene Ritterorden, die jeweils die Sicherung der Heiligen Stadt auf ihre Fahnen geschrieben haben, sich ansonsten durch geheimnisvolle Rituale und komplizierte Aufnahmeprozeduren auszeichnen und zuweilen auch ein paar Städte gründen. Moderne Historiker vertreten heute die Auffassung, dass die Kreuzzüge spätestens vom dritten Kreuzzug an eigentlich nur Tarnung für organisiertes Raubrittertum waren, und angesichts der Plünderungen und gänzlich unchristlichen Verwüstungen auf dem Weg der Heere kann man dieser Einschätzung kaum widersprechen. Wichtigstes Indiz für diese Theorie ist die Eroberung des christlichen Konstantinopel: Die Stadt wird bis aufs Hemd geplündert, Christen richten ein Blutbad unter Christen an und die Spaltung der oströmischen Kirche vom westlichen „Bruder“ ist somit zementiert.

Noch einmal zurück zu den verschiedenen Orden, die auch in großen Werken der Weltliteratur eine Rolle spielen: In Lessings Stück „Nathan der Weise“ kommt beispielsweise ein Templer vor und auch Umberto Eco verwendet die geheimnisumwitterte Sippschaft in seinem Roman „Das Foucaultsche Pendel“ (unbedingt lesen). Neben den Templern gibt es auch die Johanniter und den so genannten „Deutschen Orden“, der später von Kaiser Friedrich mit der Verwaltung des Baltikums und großer Teile Polens beauftragt wird. Kein rühmliches Kapitel in der Geschichte der Missionierung, denn die ach so christlichen Ritter gehen dabei mit viel Blutdurst zu Werke.

Die Ritter

Mit dem Beginn der europäischen Einigung unter der Fuchtel des Christentums und der Franken entwickeln sich auch kulturelle und politische Zentren. Für die Bildung sind dabei in erster Linie die Klöster zuständig. Abseits von weltlichen Irrungen und Wirrungen wird hier Geschichtsforschung (und zuweilen auch Geschichtsfälschung) betrieben, wird geschrieben und gelesen, werden Naturwissenschaften erforscht und Denkanstöße für die Welt „da draußen“ gegeben. Am einflussreichsten erweist sich dabei das „Kloster von Cluny“, das recht frühzeitig und in weiser Voraussicht eine gründliche Reformation der Kirche fordert – dabei aber zunächst mal auf die Nase fällt. Parallel zu den Klöstern entwickelt sich in den verschiedenen Regionen eine Lebensart des Adels. Die Feudalherren auf ihren Burgen und Schlössern, die Bauern als Leibeigene halten und sich Gefolgsleute heranziehen, indem sie Titel und Ländereien verschenken, besitzen kleine Privatarmeen und sind für jeden lustigen Zeitvertreib zu haben.
Als Vorläufer für heutige Sportgroßveranstaltungen wie die Fußball-Bundesliga entstehen so genannte Turniere und Ritterspiele, bei denen Geschicklichkeit, Ausdauer und Kraft der Protagonisten gefragt sind. Um sich einen romantischen und edlen Touch zu geben, entdecken die Heroen des Tjosts (altes

Wort für Zweikampf) die „Minne" – die Huldigung einer höfischen Dame (meistens des betreffenden Burgfräuleins), um ihr die Siege und Trophäen zu Füßen legen zu können. Es entsteht eine Art „Frauenkult", wobei auch abseits der Turniere gern um die „Ehre der Dame" gefochten wird. Mit den Herren Walther von der Vogelweide und Wolfram von Eschenbach gibt es zudem noch recht bekannte „Barden" oder „Bänkelsänger" (vergleichbar mit dem heutigen Popstar „unplugged"), die in ihren Liedern und Gedichten die Minne verherrlichen (daher der Begriff „Minnesänger") und damit noch zusätzlich für einen entsprechenden Ansporn sorgen. Zur Kehrseite der Medaille werden die so genannten Raubritter. Irgendwie durchs soziale Raster gerutscht, profitieren sie von den Entwicklungen, die durch die Turniere und Ritterspiele entstehen. Ganzkörperrüstungen kommen in Mode, Schilde und Lanzen werden erfunden und die Schwerter immer schärfer. Kein Wunder, dass sich so mancher zwielichtige Kleinadlige, dessen Gegend nicht eben durch Ertragsreichtum glänzt und der deshalb ein echt armseliges Dasein fristet, auf erfolgreiche Raubzüge mit den neuen Waffen macht. Schon damals galt eben: Ferrari schlägt Golf und wer nur mit einem Knüppel in der Hand einem bis auf die Zähne bewaffneten Raubritter gegenüberstand, verzichtete eben lieber auf sein Hab und Gut als auf sein Leben. Die räuberischen Gestalten verschanzten sich derweil in ihren mächtigen Burgen.

Dschinghis Khan

Bis zum heutigen Tag gilt der Name „Dschinghis Khan" als Synonym für Grausamkeit und Tyrannei. Doch damit tut man dem um 1155 geborenen Feldherren eigentlich Unrecht. Ihm nämlich gelingt es, aus einem verworrenen Haufen nomadisierender Stämme in der Mongolei ein straff organisiertes Reich mit der legendären Hauptstadt Karakorum zu formen. In seinen Feldzügen erobert er um 1220 den Norden Chinas und stößt von dort nach Westen vor. Seine blendend organisierten Reitertruppen sind den meisten Feinden turmhoch überlegen und 1223 feiert er mit dem Sieg gegen die Vereinigung der russischen Fürsten am Fluss Kalka seinen größten Kriegserfolg. Erst an den europäischen Ostgrenzen wird sein Vormarsch gestoppt. Sein Weltreich zerfällt nach seinem Tod im Jahre 1227 zwar sofort, doch seine Kriegstaktik der leicht bewaffneten und beweglichen Reiterschwadrone wird von zahlreichen Feldherren und Staaten übernommen (Kavallerie).

Die Entwicklung der Städte und die Zeit der Pogrome

Wir schreiben so ungefähr das Jahr 1300 und das christliche Abendland (also Europa) bezeichnet sich gerne als zivilisiert. Woran lässt sich diese Selbsteinschätzung aber festmachen? Nun – nicht unbedingt an der Ära der Kreuzzüge, nicht unbedingt an der Entwicklung des Christentums und schon gar nicht am Umgang mit Andersgläubigen. Immerhin – wenn man unter Zivilisation die Siedlungspolitik versteht, dann wird deutlich, warum man doch zu dieser Überzeugung gelangen konnte: Es entstehen nämlich erste Großsiedlungen, die man als „Städte" im heutigen Sinne bezeichnen kann. Diese Ansiedlungen hatten sich schon früher rund um Burgen gruppiert und waren zu recht ansehnlicher Größe angewachsen. Lange Zeit jedoch bleiben sie in ihrer Gesamtheit fest in der Hand eines einzelnen Adligen und verliert dieser aus irgendeinem Grund an Macht und Ansehen, verschwindet auch die Siedlung in vielen Fällen fast gänzlich von der Landkarte. Die „neuen" Städte jedoch sind nicht unbedingt auf Burgen und Adlige angewiesen. Es sind ehemalige Dörfer, die sich mehr oder weniger selbst verwalten und durch effiziente Organisation und geschickte Handlungspolitik auch selbst zu politischen Faktoren werden. Nürnberg und Lübeck sind solche Städte, deren Bürger sich nicht etwa als Reichsbürger, sondern eher als Stadtbürger empfinden. Die Strukturen sind hierarchisch geordnet: Bürger darf sich nennen, wer die entsprechenden Verdienste erworben oder den entsprechenden Verdienst aufweisen kann. Im Klartext: Wer Geld hat, gehört

dazu und wer ein Handwerk kann, schließt sich den diversen Zünften (Tuchmacher, Gerber, Steinmetze usw.) an. Diese Städte (berühmt auch der Verbund der „Freien Hansestädte“ Lübeck, Bremen, Hamburg, Magdeburg, Rostock, die eine Art Städtepartnerschaft bilden und regen Handel miteinander treiben) sind wehrhaft, gut organisiert und bilden ein Gegengewicht zum Landadel. Ihr Nachteil: Durch die mangelnden Hygienekenntnisse und das Zusammenleben auf engem Raum sind sie anfällig für die Risiken der Zivilisation: die Seuchen. Die erste und schlimmste dieser Seuchen ist die „Beulenpest“, die durch Händler um das Jahr 1347 nach Europa „importiert“ wird. Sie wütet rund drei Jahre lang und tötet etwa ein Drittel der mitteleuropäischen Bevölkerung. Die entstandene Panik – im Verbund mit dem kirchlich geförderten Aberglauben – führt natürlich zur Suche nach dem oder den Schuldigen und schnell wird der „zivilisierte Abendländer“ fündig: Juden und Hexen müssen verantwortlich sein.
Den Juden misstraut der „gute Christenmensch“ ohnehin. Zum einen haben sie bekanntlich den Messias ans Kreuz genagelt, zum anderen verdienen sie sich ihren Lebensunterhalt als Geldverleiher und werden deshalb gerne als „Wucherer“ bezeichnet. Dass den Juden in Europa in diesen Tagen gar kein anderer Beruf gestattet ist, ficht die Massen wenig an: Die Mitbürger jüdischen Glaubens werden allüberall verdächtigt, die Brunnen vergiftet und die Verbreitung der Pest willentlich gefördert zu haben. Es kommt zu systematischen Verfolgungen und Massentötungen von Juden – allein in Straßburg sollen innerhalb eines Monats rund 15000 von ihnen niedergemetzelt worden sein.
Ein anderes, geradezu ideales Opfer sind Frauen. Vor allem unverheiratete Frauen sind den christlichen Eifereren ein Dorn im Auge und prompt werden uralte Legenden wieder hervorgekramt: Unliebsamen Weibsbildern wird die Verbrüderung mit dem Teufel und die Leugnung des christlichen Glaubens vorgeworfen (ein interessanter Widerspruch, denn ohne den christlichen Glauben gäbe es auch keinen Satan) und wenn das Vieh im Stall zusammenbricht, dann muss dafür der Fluch einer Hexe verantwortlich sein. Erschwerend

hinzu kommt, dass unverheiratete Frauen in einer Gesellschaft, die von der Emanzipation noch weiter entfernt ist als von der Besiedelung des Mondes, die idealen Opfer sind: Sie haben keine Kinder (oder sollten zumindest keine haben), die sie großziehen müssen, keine Männer, die sie versorgen müssen und keine Aufgaben, die für eine männlich strukturierte Gesellschaft wichtig wären. Was also liegt näher, als sie zu Schuldigen abzustempeln und der „reinigenden" Kraft des Feuers zu übergeben?

Das Ende des Mittelalters ...

... verläuft gänzlich unspektakulär und fällt den damals Anwesenden überhaupt nicht auf. Die Pest hat in Europa gründlich aufgeräumt – Arbeitskräfte werden knapp und bebaubares Land wird plötzlich wieder erschwinglich. Wenn der Adel überleben will, ist er darauf angewiesen, sich mit dem Volk möglichst gut zu stellen und ihm so viel zu bieten, dass es willig für den betreffenden Herrscher oder Fürsten arbeitet. Also werden plötzlich einfache Bürger oder sogar Bauern in die Lage versetzt, eigenes Land zu bewirtschaften und müssen nur noch einen Teil des Ertrages (den Zehnten) an den Herrn abtreten. Dieses System jedoch bedarf der permanenten Kontrolle und dafür wiederum müssen fähige, ebenfalls bezahlte Beamte eingesetzt werden. Heere werden nicht mehr einfach aus den Landburschen rekrutiert (wie gesagt: Arbeitskräfte sind knapp), sondern bestehen aus bezahlten Vasallen – so genannten Söldnern, die ihre Kräfte demjenigen anbieten, der sie am besten entlohnt. Es entstehen Verwaltungen und Schreibstuben, Verordnungen und Gesetzbücher, erste Grundrechte und Pflichten für die Obrigkeit. Damit sind die Grundlagen für das moderne Staatswesen geschaffen – unmerklich vollzieht sich damit der Schritt in die Neuzeit. Dieses Datum wird heute recht willkürlich auf das Jahr 1500 festgelegt.

Die Neuzeit – das Ende der Finsternis?

Womit und wodurch beginnt eigentlich die Neuzeit? Tja – darüber lässt sich trefflich streiten und dies tun die Historiker auch. Die einen datieren den Beginn auf das Jahr 1492. Damals entdeckt ein gewisser Christoph Kolumbus eher zufällig den Kontinent Amerika und zum anderen werden die Mohammedaner (auch als „Mauren“ bezeichnet“) endgültig aus Spanien vertrieben. Die anderen benutzen gerne das schöne Wort „Renaissance“ („Wiedergeburt“), um das endgültige Ende des Mittelalters zu markieren. Doch der Reihe nach …

Neues Land im Westen

Seitdem die Kirche in Europa spürbar an Einfluss verloren hat, ist plötzlich die im Altertum bereits von Pythagoras angenommene Kugelgestalt der Erde unter den abendländischen Gelehrten wieder ein Thema. Der Vatikan hatte lange auf der so genannten Scheibenform mit Jerusalem als Zentrum bestanden, doch unter den Gelehrten hat sich zu Lebzeiten des Christoph Kolumbus die Wahrheit bereits durchgesetzt. Somit ist es also Blödsinn, dem Mann aus Genua besonderen Wagemut oder gar Forscherdrang zu unterstellen. Kolumbus wollte lediglich nach Westen segeln, um im Osten – genauer gesagt in Indien oder dem vom berühmten italienischen Entdeckungsreisenden Marco Polo (1254-1324, importierte übrigens auch die Spaghetti aus China nach Italien) bekannten sagenhaften „Catai“ (Land des Khan, China) – möglichst viel Gewinn zu machen.

Christoph Kolumbus

1451 im italienischen Genua als Sohn eines Händlers geboren, wird Christoph Kolumbus zum „zufälligen" Entdecker Amerikas. 1492 bricht er auf, um in Richtung Westen einen Seeweg nach Indien zu finden. Die Kugelform der Erde gilt zu dieser Zeit unter den Gelehrten schon als einigermaßen unumstritten, so dass ihm die spanische Krone (Ferdinand von Aragon und Isabella von Kastilien) dieses Abenteuer finanziert und ihm insgesamt drei Schiffe zur Verfügung stellt. Am 12. Oktober 1492 betritt Kolumbus die Insel Guanahani (bei Kuba), die er San Salvador tauft. Kolumbus ist der Meinung, eine vorgelagerte indische Insel erreicht zu haben. Die Eingeborenen nennt er folgerichtig Indianer. Politik, Intrigen und mangelndes diplomatisches Geschick lassen ihn schließlich 1506 im spanischen Valladolid als armen und einsamen Mann sterben, nachdem er es ursprünglich sogar zum Statthalter der spanischen Krone in den überseeischen Kolonien gebracht hatte.

Die Entdeckung Amerikas hat enorme Folgen – nicht nur für die Kartographen, sondern auch für die Machtverhältnisse in Europa. Binnen weniger Jahrzehnte steigt Spanien, das mittels seiner „Conquistadoren" Mittel- und Südamerika ausplündert, die Reiche der Azteken und Mayas abfackelt (besonders erwähnenswerte Schlächter sind die Herren Cortes und Pizarro) und Tonnen von Gold hortet, zur reichsten und mächtigsten Nation der Alten Welt auf. Erfolgreiche Feldzüge gegen die Mauren, die um 1492 von der Iberischen Halbinsel vertrieben werden, ein ebenso erfolgreicher wie unschöner Feldzug gegen die in Spanien beheimateten Juden, die ebenfalls vertrieben und gleich auch noch aller ihrer Güter beraubt werden, sowie eine geschickte Heiratspolitik lassen Spanien zur Großmacht avancieren. Karl V. und sein Sohn Philipp II. herrschen über ein Reich, das das Königreich Neapel, Oberitalien, Böhmen, Österreich und Portugal umfasst, und ganz nebenbei ist Karl V. auch noch Kaiser des Heiligen Römischen Reiches deutscher Nation, das rund 600 Jahre zuvor von einem gewissen Karl dem Großen aus der Taufe gehoben worden war. Zusammen mit den überseeischen Kolonien in Südamerika beherbergt das „Siglo de Oro" (goldenes Jahrhundert) also vermutlich das größte zusammengehörende Staatsterritorium, das die Welt bis zum heutigen Tag gesehen hat. Das Ende dieser Herrlichkeit wird im späten 16. Jahrhundert von zwei gänzlich verschiedenen Faktoren ausgelöst: der englischen Seestreitmacht, die die für unbesiegbar gehaltene spanische Flotte (genannt Armada) 1588 unter der Führung eines gewissen Sir Francis Drake besiegt, und von dem Mönch und Theologieprofessor Martin Luther aus Wittenberg, dessen Schriften für die so genannte „Reformation" verantwortlich sind.

Ankunft in der Neuen Welt:
Every time a good time?

Martin Luther und die Reformation

Eigentlich ist dieser Mann ursprünglich ein schlichter Mönch. Er tritt in den Augustinerorden ein, fällt dort durch Lerneifer und Gelehrsamkeit auf und avanciert nach seiner Priesterweihe zum Theologieprofessor in Wittenberg. Doch die katholische Kirche hat sich mit ihm eine echte Laus in den Pelz gesetzt, denn Martin Luther (geb. 1483) sorgt durch seinen kritischen Geist für die größte Krise und die bis zum heutigen Tag andauernde Spaltung der Kirche. 1517 veröffentlicht er 95 Thesen. Die Legende, dass er sie an das Tor der Wittenberger Kirche genagelt hat, ist zwar falsch, doch auch so erregen seine Schriften großes Aufsehen, denn darin prangert Luther das Verhalten der Amtskirche in vielerlei Hinsicht an. Vor allem der so genannte Ablasshandel ist ihm ein Gräuel. Nach dieser Praxis können sich gut betuchte Kunden ihren Platz im Paradies durch großzügige Spenden zu Lebzeiten sichern – können sich von ihren Sünden sozusagen freikaufen. Es kommt zum Konflikt mit der Kirche, der eskaliert, als Luther eine Anweisung (eine Bulle) von Papst Leo X. öffentlich verbrennt. 1521 lehnt er den Widerruf seiner Schriften vor dem Wormser Reichstag ab, wobei der berühmte Satz „Hier stehe ich, ich kann nicht anders" historisch nicht verbürgt ist. Er wird in Acht und Bann geschlagen und zieht sich unter den Schutz Friedrich des Weisen auf die Wartburg zurück. Dort übersetzt er das Neue Testament aus dem Lateinischen ins Deutsche und begründet endgültig die so genannte Reformation. Seine Anhänger nennen sich Protestanten und Luthers Schriften erreichen eine so große Popularität, dass sich immer mehr ihrer Leser von der Amtskirche lossagen. Somit gilt der Wittenberger Mönch bis zum heutigen Tag als Begründer der „lutherischen Kirchen" in aller Welt und als „Urvater" des Protestantismus. Er selbst gibt spätestens 1525 sein mönchisches Leben auf: Durch seine Heirat mit der Nonne Katharina von Bora untermauert er auch seinen Protest gegen das Zölibat. Luther stirbt 1546. Die Bauernkriege, die durch seine Schriften und Thesen mit entfacht wurden, erlebt er noch mit und verurteilt die Gewalt der marodierenden Horden aufs Schärfste.

Die Renaissance

Doch wir sind abgeschweift: Die Entdeckung Amerikas und der Aufstieg Spaniens sind zwei wesentliche Eckpfeiler für den Beginn der Neuzeit. Ein anderer ist die eingangs erwähnte Renaissance. Im Italien des frühen 15. Jahrhunderts besinnen sich Künstler und Gelehrte auf die Weisheiten und Erkenntnisse der Antike. Vor allem das klassische Griechenland mit seinen Denkern und Idealen hat es den verschiedenen Stadtstaaten angetan. Wieder entdeckt wird vor allem die Freude am Hier und Jetzt, die Begeisterung über Formen, Linien und Farben – der Mensch rückt gegenüber dem Jüngsten Gericht und der himmlischen Prophezeiung, die die Kirche propagiert, verstärkt in den Mittelpunkt. Dies drückt sich in Kunst und Literatur ebenso aus wie zuweilen auch in politischen Ordnungen.
Auf Grund der starken Handelstätigkeit Italiens in Richtung Osten (Marco Polos Tradition wird von seinen Nachfolgern fortgesetzt) beginnt in Italien schon in diesen Jahren die Geldwirtschaft Fuß zu fassen. Die feudalistischen Systeme der großen Herrschaftshäuser und der berühmten Heerführer und Fürsten haben ausgedient – gefragt ist vor allem der schnöde Mammon. Es entstehen mehr oder weniger straff organisierte Stadtstaaten, die von reichen und einflussreichen Familienclans regiert werden. Am bekanntesten sind Venedig, wo ein Rat der Senatorenfamilien ein Oberhaupt, einen „Dogen", wählt, Florenz, in dem die Familie Medici für einen kulturellen Begeisterungstaumel sorgt, Mailand, das von der Familie Sforza mit eiserner Hand und viel Geschick verwaltet wird, sowie der Kirchenstaat, der zwar an Einfluss verloren hat, aber durch den Papst immer noch im Rennen um die Vorherrschaft mitmischt.
Noch einmal zurück zu den Künsten der Renaissance. Wie bereits erwähnt, wurden die ollen Griechen wieder zum Maß aller Dinge. Komödie und Tragödie, Dichter und Philosophen, Wissenschaftler und Staatsmänner des antiken Athen wurden zu Beginn des 14. Jahrhunderts praktisch in den Rang von Halbgöttern erhoben. Doch sind die Intellektuellen jener Tage immerhin schlau genug, um festzustellen, dass die bloße

Kopie dem Original nicht das Wasser reichen kann: Gestützt auf die griechischen Vorbilder entsteht eine neue Bilder- und Formensprache, die den Menschen in den Mittelpunkt des Universums rückt und seinen Alltag in leuchtenden Farben verherrlicht. Da es aber bei den alten Griechen durchaus üblich war, sich neben der Kunst auch mit der Wissenschaft zu beschäftigen, entsteht der so genannte „Renaissance-Mensch“: eine möglichst universell gebildete, künstlerisch begabte und wissensdurstige Persönlichkeit. Die Inkarnation dieses Begriffes stellt vor allem Leonardo da Vinci dar.

Leonardo da Vinci

Wenn jemals ein Mensch mit Fug und Recht als Universalgenie bezeichnet werden konnte, dann ist dies Leonardo da Vinci. Geboren im Jahre 1452, in der Blüte der Renaissance, ist er Maler, Naturforscher, Architekt, Ingenieur und Erfinder in einem. Sein berühmtestes Gemälde ist zweifellos die „Mona Lisa“ (zu besichtigen im Pariser Louvre), doch auch das „Abendmahl“ gehört zu den wichtigsten Werken der Malerei. Ganz nebenbei beschäftigt er sich mit Thermik, Akustik, Optik, Mechanik und Hydraulik, vergleicht die menschliche mit der tierischen Anatomie, fertigt erstaunlich detailreiche Skizzen vom menschlichen Körper und seinen Organen, konstruiert Flugapparate, Fallschirme, eine Walzmaschine, einen Universalschraubenschlüssel und einen Mörser. Tatsächlich gelingt ihm auch ein möglicherweise funktionstüchtiges Modell eines Maschinengewehrs und seine U-Boot-Konstruktion könnte eventuell noch heute einer TÜV-Überprüfung standhalten. Einen Tick allerdings hat das Genie sehr wohl: Leonardo ist unfähig, eine Arbeit fertig zu stellen und sich von ihr zu trennen. Unzählige Gemälde, Skizzen und Modellkonstruktionen sammeln sich in seinem Atelier – von allen behauptet er stets, daran müsse noch gefeilt werden. Seinen Lebensunterhalt verdient er sich gleichwohl durch Auftragsmalen: Für seine Fresken und Gemälde wird er fürstlich honoriert. Die „Mona Lisa“ stellt übrigens die etwas schwermütige Gattin des Florentiner Adeligen Francesco del Giocondo dar – in ihrem Lächeln vermeinte der Oxforder Professor Walter Pater die gesamte Erfahrung der Menschheit zu erkennen. Leonardo da Vinci stirbt 1519.

Eigentlich hätten wir die Renaissance damit schon wieder abgeschlossen, denn ihre Blüte dauert nur etwa bis 1530. Doch an dieser Stelle besinnen wir uns wieder einmal des Titels dieses Buches und geben dem Affen Zucker. Ein paar Berühmtheiten und ihre bekanntesten Werke sollte man nämlich durchaus noch im Kopf haben.

Leonardos meisterhafte Pinselführung

Leonardos Kollegen

Sandro Botticelli (1445-1510) aus Florenz. Er malt die „Geburt der Venus“, bei der eine unbekleidete Dame, deren geschlechtsspezifische Merkmale durch das wallende Haupthaar sittsam verhüllt werden, sich aus einer Muschel erhebt.

Michelangelo (1475-1564), dessen Nachname Buonarrotti fast in Vergessenheit geraten ist. Er meißelt aus einem Marmorblock in zweijähriger Arbeit den berühmten Jüngling David und wird von Papst Julius II. beauftragt, die Sixtinische Kapelle mit den seitdem berühmten Fresken auszustatten. Das bekannteste Detail: Gottvaters ausgestreckter Finger, der Adams Hand berührt und ihm somit Leben einhaucht. Michelangelo, ein muskulöser Florentiner, ist allerdings ein Mensch, der für die Renaissance eine ganz und gar untypische Arbeitsmoral an den Tag legt. Er arbeitet wie ein Besessener, gilt als jähzornig und streitlustig und viele seiner Bilder sind wesentlich düsterer, als es für seine Zeit üblich ist. Er wird übrigens fast 90 Jahre alt – ein Methusalem seiner Epoche.

Raffael, Nachname Santi, (1483-1520), zeichnet unter anderem für die berühmte Sixtinische Madonna verantwortlich.

Tizian, Nachname Vecellio (1477 oder 1487-1576), der vor allem für seine sinnen- und farbenprächtige Darstellung weiblicher Schönheit bekannt wird. Keiner malt so viele Bilder von Aphrodite und Venus, keiner hatte einen wilderen Ruf als „Playboy“ (kein Wunder, bei der Anzahl von Modellen, die er beschäftigte). Berühmt wird vor allem sein Porträt von Kaiser Karl V., der ihn dafür eigens an den Hof bittet.

Der 100-jährige Krieg

Und damit von der Kunst wieder zurück zur historischen Politik, die allerdings – zumindest im Falle Italiens – in dieser Epoche kaum voneinander zu trennen sind. Wie aber sieht es im übrigen Europa aus? Spanien, das hatten wir bereits erwähnt und beschrieben, hat sich zur Großmacht aufgeschwungen. Frankreich und England? Nun – diese beiden erholen sich gerade von einem Krieg, den sie – mit kurzen Unterbrechungen – beinahe 100 Jahre lang geführt haben. Die Engländer nämlich erhoben Ansprüche auf die französische Krone und insbesondere auf die Normandie, doch eine gewisse Jeanne d'Arc, später als die „Jungfrau von Orleans" bekannt (auch wenn ihr Status als Jungfrau keinesfalls zweifelsfrei bewiesen werden kann), beendet als Symbolfigur und kämpferische Ikone des französischen Heeres diese britischen Eroberungsgelüste. Dass sie den eigenen Landsleuten damit ein bisschen zu emanzipiert und auch ein bisschen zu einflussreich geworden ist und auf dem Scheiterhaufen verbrannt wird, passt ins Bild jener Zeit.

Bleiben wir dennoch zunächst bei Frankreich. Kaum ist der Kampf gegen die Engländer siegreich beendet, findet man hier den Feind im eigenen Land. Die „Hugenotten", (französisch für „Eidgenossen") sind Anhänger der Reformationsbewegung, die in Deutschland der bereits erwähnte Martin Luther ausgelöst hat und die in der Schweiz mit den Herren Calvin und Zwingli gleichermaßen Nachahmer wie Übertreiber findet. Die katholischen Machthaber auf dem französischen Thron sehen in diesen potenziellen Aufwieglern einen Störenfried, es kommt zu systematischen Verfolgungen und zu einem über 30-jährigen Religionskrieg (1562-1598), in dessen Verlauf in Paris die so genannte „Bartholomäus-Nacht" (25. August 1572) von sich Reden macht. Dabei werden Tausende von Hugenotten – Männer, Frauen und Kinder – allein auf Grund ihres angeblichen Irrglaubens von ihren katholischen Nachbarn in einer vorweggenommenen Kristallnacht hingemetzelt: Diese Nacht wird fortan den Protestanten in ganz Europa als Synonym für die Unterdrückung durch die Katholiken dienen.

Der Absolutismus

Erst als Heinrich von Navarra als Heinrich IV. den französischen Thron besteigt, ist diese Fehde beendet. Der Mitbegründer des Hauses Bourbon ist Protestant, tritt aber aus Gründen der Staatsräson zum Katholizismus über und prägt den berühmten Satz „Paris ist eine Messe wert". Er gibt den Protestanten Schutzgarantien, befriedet das Land und legt den Grundstein für den Absolutismus. Dieser entfaltet sich im 17. und 18. Jahrhundert zu seiner vollen Blüte. Ganz Frankreich wird vom Zentrum Paris aus regiert. Die gesamte Staatsmacht konzentriert sich in der Hand eines einzigen Königs, der einen Apparat von Beamten unterhält und sich die Unterstützung des Adels mit Land, Gütern und Geld sichert. Es entsteht eine Drei-Klassen-Pyramide aus Adligen (wenige, aber enorm mächtig), Bürgerlichen (deutlich mehr, einigermaßen wohlhabend, aber machtlos) und Bauern, Leibeigenen und einfachen Arbeitern (sehr viele, ohne Geld und ohne Einfluss). Diese drei Klassen werden als „Stände" bezeichnet und die Ungerechtigkeit dieses Systems birgt in sich schon die Saat seines Untergangs. Als Verkörperung dieses zentralistischen Machtanspruchs gilt bis heute Ludwig XIV., der sich selbst als „Sonnenkönig" bezeichnet.

Ludwig XIV.

Eigentlich könnte man diesen König glatt unter den Tisch fallen lassen. Ludwig XIV. (1638-1715) zeichnet sich weder durch besondere Geistesgaben aus noch durch politische Erfolge oder gar kriegstaktische Heldentaten. Im Gegenteil: Im persönlichen Umgang gilt er als ungehobelt, er erobert zwar einen Teil der Spanischen Niederlanden, verliert aber den von ihm selbst angezettelten Pfälzischen Erbfolgekrieg und ist auch im Spanischen Erbfolgekrieg nicht erfolgreicher. Doch Ludwig XIV. wird zum Symbol einer Ära – der Ära des Absolutismus. Als Bauherr des unglaublich prunkvollen Königsschlosses von Versailles bündelt er alle Staatsgewalt zentral, bezeichnet sich selbst als Sonnenkönig und regiert mit uneingeschränkten Machtbefugnissen. Sogar die bis dato allmächtige Kirche bringt er unter staatliche Räson. Doch seine Art der Monarchie trägt den Keim des Verderbens bereits in sich: Der Absolutismus ist mittelfristig zum Scheitern verurteilt – das, was Ludwig XIV. begonnen hat, wird 1789 durch die Französische Revolution mit Gewalt beendet.

Der Rosenkrieg und die Folgen

Zur Französischen Revolution kommen wir später – zunächst lassen wir unseren Blick über den Kanal nach England schweifen. Dort ist man nach dem Krieg mit Frankreich, der immerhin bis 1435 dauert, auch nicht viel schlauer geworden und haut sich nun im eigenen Land die Schwerter um die Ohren. Die Adelsgeschlechter der York und der Lancaster liefern sich zwischen 1455 und 1485 den so genannten Rosenkrieg (keine Scheidungsgeschichte – beide Familien trugen vielmehr eine Rose im Wappen) und rotten sich gegenseitig praktisch aus. Da diese beiden Sippen die letzten der großen normannischen Häuser stellten, ist nun der Weg für die Tudors frei. Deren Sprössling Heinrich VIII. besteigt nun den Thron, doch seine Gattin Katharina von Aragon schafft es nicht, ihm einen männlichen Thronfolger zu schenken. Daraufhin bittet der König – damals nicht unüblich – den Papst, die Ehe für nichtig erklären zu lassen.
Doch das Kirchenoberhaupt weigert sich diesmal, und so sagt sich der englische König einfach vom Katholizismus los und begründet eine Art Nationalkirche mit ihm selbst als Chef und Vordenker. Die „anglikanische Kirche“, wie sie sich fortan nennt, kommt ganz ohne Papst aus, orientiert sich an den Lehren des bereits mehrfach erwähnten Martin Luther und schafft als Erstes die Klöster ab. Deren Ländereien und Reichtümer verteilt der schlaue Heinrich auf einige seiner Gefolgsleute, schafft damit eine Art neuen Landadel und ein völlig neues System. Im Übrigen heiratet Heinrich eine gewisse Anna Boleyn, die er hinrichten lässt, weil sie ihn angeblich betrügt, heiratet anschließend eine weitere Dame, die ihm

nun endlich einen Erben schenkt. Diese Ehefrau stirbt (eines natürlichen Todes), worauf prompt die vierte Ehe folgt (wird geschieden), die fünfte Frau wird wegen vermeintlicher Untreue geköpft und die sechste Ehefrau überlebt den König. Aber beide haben praktisch nur statistischen Wert.

Elisabeth und Maria Stuart

Elf Jahre nach dem Tod von Heinrich VIII., der zwar nicht viel von Frauen verstand, aber immerhin ein gut funktionierendes Staatswesen geschaffen und ein funktionstüchtiges, wenn auch absolut königstreues Parlament eingerichtet hatte, besteigt eine gewisse Elisabeth den Thron. Die anglikanische Kirche ist mittlerweile schon so tief im britischen Bewusstsein verankert, dass sich niemand mehr so recht wundern mag, dass besagte Elisabeth ihre (viel hübschere) schottische Königinnen-Kollegin Maria Stuart hinrichten lässt, weil diese stur am katholischen Glauben festhalten will. Doch diese Episode aus dem Jahr 1587, die später einen gewissen Friedrich Schiller zu großer Kunst inspiriert, sei hier nur am Rande erwähnt. Interessanter ist da schon die Tatsache, dass Elisabeth einen Versuch des spanischen Königs Philipp II. überlebt, der seine Armada gen England ausgeschickt hatte, um sich kurz nach Portugal auch noch das Inselreich unter den Nagel zu reißen. Geführt von Admiral Francis Drake triumphiert die englische Flotte über die spanischen Möchtegern-Eroberer und damit ist der Grundstein für die englischen Vormachtsbestrebungen der kommenden Jahrhunderte gelegt. Übrigens: In diese Jahre fällt auch eine Blütezeit der englischen Literatur, die mit einem gewissen Shakespeare ihren Höhepunkt erreicht …

William Shakespeare

Gäbe es eine Rangfolge der geflügelten Worte, so würde ein Engländer wahrscheinlich mindestens zwei Positionen unter den Top Ten besetzen: „To be or not to be“ (Sein oder nicht sein) und „Ein Königreich für ein Pferd“ – dies sind Zitate aus Dramen des größten aller Dramatiker, William Shakespeare. Der englische Dichter wird 1564 im kleinen Städtchen Stratford-on-Avon geboren. Schon als Jugendlicher verfällt er mit Haut und Haaren dem Theater, hat später Teilhaberschaften am „Globe Theatre“ und am berühmten „Blackfriars Theatre“ und gründet die wandernde Schauspielertruppe „The King's Men“. Das erste seiner großen historischen Dramen besteht gleich aus drei in sich abgeschlossenen Teilen: Heinrich VI. Shakespeare lässt sich jedoch nicht festnageln: Auch wenn er mit grandiosen Tragödien wie „King Lear“, „Hamlet“, „Othello“, „Romeo und Julia“ und „Macbeth“ das meiste Aufsehen erregt, so verliert er nie den Sinn für die „schwere, leichte Muse“. Seine Komödien, die sich an den antiken Verwechslungslustspielen orientieren, gehören noch heute zu den beliebtesten Theaterstücken und werden regelmäßig auch verfilmt: „Was ihr wollt“, „Der Widerspenstigen Zähmung“, „Ein Sommernachtstraum“ und „Viel Lärm um Nichts“ sind Beispiele seiner enormen Schaffenskraft und seiner lyrischen Größe. Shakespeares Einfluss auf die Weltliteratur – insbesondere auf den „Sturm und Drang“, dessen bekannteste Vertreter später Lessing, Schiller und Goethe werden sollten, ist immens. Seine Sprache hat Symbolgehalt, seine Figuren sind unverwechselbare Individuen, die am Widerstreit ihrer eigenen Gefühle verzweifeln oder zuweilen sogar zerbrechen. Shakespeare, dem öffentliche Aufmerksamkeit zuwider ist und der sein Privatleben abschottet, stirbt 62-jährig im Jahr 1616.

Two beer or not two beer?

Vorsicht!
Bildungshäppchen

„Hamlet“ von William Shakespeare
So schreibt es das Programmheft: Der dänische Königshof als Schauplatz eines in sich zerrissenen Intellektuellen mit ödipalen Tendenzen. Hamlet ist zweifellos von Beginn an suizidal gefährdet und verfängt sich im obsessiven Labyrinth absurder und dennoch nachvollziehbarer Reflexionen. Ein früher Kafka-Pate, dieses Drama.
Was das bedeutet? Hamlets Papa ist hinüber, der Prinz ist traurig und die Mama war schuld. Viele Fragen, wenig Antworten. Am berühmtesten: Sein oder nicht sein?

Die Basis der Demokratie

Elisabeth stirbt 1603 und ihr Nachfolger James I. (pikanterweise der protestantische Sohn der geköpften Maria Stuart) hat auf dem Thron bei weitem nicht so viel Dusel wie seine Vorgängerin. Er sieht sich nicht nur einem höchst eigenwilligen Parlament gegenüber (bestehend aus den zwei Häusern: House of Lords – Haus der Adlige – und House of Commons – Haus der Bürgerlichen), sondern muss sich auch noch mit den „Puritans“ (Puritanern) herumärgern, denen die anglikanische Kirche noch immer viel zu pompös ist und die die Gotteshäuser von allem „schmückenden Beiwerk“ reinigen wollen.
Die Puritaner, die sich von den Lehren des Schweizer Reformators Jean Calvin inspirieren lassen, übernehmen nach und nach immer mehr Abgeordnetenmandate im Parlament, gründen die presbyterianische Kirche im angeschlossenen Schottland und verweigern Charles I. (Sohn und Nachfolger des unglücklichen James I.) glattweg den Gehorsam. Charles geht

daraufhin dazu über, die Puritaner systematisch zu verfolgen. Diese taufen sich nun selbst in „pilgrims“ (Pilgerväter) um, machen sich nach Amerika davon und gründen eine Kolonie, die heute als „Neu-England“ bekannt ist (um 1640).
Doch auch mit deutlich weniger Puritanern (einige bleiben im Land) ist das Parlament nicht mehr kleinzukriegen. 1642 kommt es zum englischen Bürgerkrieg, bei dem Charles sich zwar auf seinen Landadel verlassen kann, doch die Kaufleute, die Handwerkszünfte und die Städte (vor allem London) halten zum Parlament. Die letztgenannten gewinnen, weil ein fähiger Puritaner sie anführt: Dieser kleinwüchsige bürgerliche Grundbesitzer stellt eine ungemein schlagkräftige und disziplinierte Kavallerie auf, der des Königs Mannen nichts Gleichwertiges entgegenzusetzen haben. Sein Name: Oliver Cromwell.
Der religiöse Fanatiker Cromwell macht kurzen Prozess: Er erklärt das Volk zum Souverän, schmeißt alle gemäßigten und eventuell noch königstreuen Mitglieder aus dem Parlament, lässt Charles I. hinrichten und tauft die neu gegründete englische Republik auf den schönen Namen „Commonwealth“. Zwar gelingt es bis zu Cromwells Tod (1658) nicht, eine ordentliche Verfassung zu zimmern, aber der Grundstein ist gelegt: Man weiß nun, dass es auch ohne einen absolutistischen Herrscher – ohne einen König also – geht: Die Basis der Demokratie ist errichtet. Cromwell selbst ist übrigens kein angenehmer Zeitgenosse. Legendär sind seine Hasstiraden gegen Andersgläubige und sein blutiger Feldzug in Irland. Die Iren, weil katholisch und starrsinnig, sind für ihn der Inbegriff des Untermenschen. Unter den Hufen seiner berittenen Soldaten sterben Tausende von ihnen. Zudem lässt er in einer beispiellos gründlichen Aktion beinahe alle irischen Wälder abholzen, um daraus das Holz für die immer größer werdende englische Flotte zu gewinnen.
Nach Cromwells Tod herrscht zunächst der sehr beliebte Charles II., der zwar kein Konzept, aber viele Mätressen hat und über viel Mutterwitz verfügt. Abgelöst wird er von seinem Bruder James II., der wesentlich unpopulärer und dazu noch katholisch ist. Beide Könige regieren zwar de facto, aber

das Parlament ist ein bestimmender Teil des englischen Staatswesens, und als man dort mit James II. keine Geduld mehr hat, holt man sich einen Holländer namens Wilhelm (später William) von Oranien ins Land. Diesen lässt man zunächst mal die „Bill of Rights" unterschreiben – eine Art Grundsatzerklärung, in der freie Wahlen des Parlaments, Redefreiheit, keine Steuer ohne parlamentarische Genehmigung und die gesetzgebende Macht der Parlamentarier festgelegt sind. William unterschreibt, trennt – quasi als erste und wichtigste Amtshandlung – Kirche und Staat strikt voneinander und symbolisiert den Beginn der Ära der repräsentativen Könige, die bis heute andauert.
Somit wird England endgültig zum frühen Vorläufer der parlamentarischen Demokratie und es bildet sich mit den Fraktionen der „Wigs" (altertümliches Schimpfwort für schottische Pferdediebe) und der „Tories" (ebenso altertümliches Schimpfwort für „irische Gesetzlose") sogar ein Zwei-Parteien-System heraus. Diese unblutige, aber höchst effiziente Einführung bahnbrechender Neuerungen wird von den Engländern selbst als „Glorious Revolution" bezeichnet.

Denk ich an Deutschland ...

Der deutsche Lyriker Heinrich Heine (1797-1856) schreibt im Pariser Exil über sein Heimatland: „Denk ich an Deutschland in der Nacht, bin ich um den Schlaf gebracht", und dieses Zitat mag uns fortan als perfekte Beschreibung der deutschen Zustände zwischen dem Beginn der Reformation bis hin zum Ende des Zweiten Weltkriegs dienen. Das Wichtigste vorweg: Deutschland, wie wir es heute kennen, hat eigentlich keine historisch begründete Daseinsberechtigung, ist vielmehr ein Kunstprodukt mit lediglich einem Minimum an nationaler Identität.
Dass es sich umso fanatischer um eine solche bemüht, mag den einen oder anderen Betrachter fast ein bisschen rühren, doch hat diese Identitätskrise im Laufe der Jahrhunderte zu vielen unerquicklichen Entwicklungen und letztlich zu grau-

enhaften Katastrophen geführt. Doch auch in diesem Fall wollen wir uns an die zeitlichen Abläufe halten und beginnen mit zwei Stichworten, die bereits unser Kapitel von der „Neuzeit" einläuteten: der Reformation und der Renaissance.

Die Folgen der Reformation

Martin Luther und seine reformatorischen Lehren haben wir bereits mehrfach erwähnt und vorgestellt. Wir haben die Auswirkungen auf Frankreich und England beleuchtet und die politischen Entwicklungen, die damit außerhalb Deutschlands ihren Anfang nahmen. Und nun gucken wir uns mal an, was die Reformation mit dem Denken in unseren heimischen Breiten anrichtete.

Luther – das mag kaum verwundern – wurde auf Grund seiner Lehren aus der katholischen Kirche ausgeschlossen (exkommuniziert). Er hatte öffentlich die Autorität des Papstes in Frage gestellt, behauptet, jeder Mensch sei sein eigener Priester, hatte die Bibel unerlaubterweise ins Deutsche übersetzt und sie damit jedermann zugänglich gemacht und außerdem die Bildung einer Deutschen Nationalkirche empfohlen, um die ständig anwachsende Abgabenflut nach Rom einzudämmen. Der Mann war – zumindest aus Sicht von Papst Leo X. – einfach fällig, sein Rausschmiss aus der Kirche unvermeidlich.

Doch zu diesem Zeitpunkt ist es bereits zu spät. Die Intellektuellen feiern Luther, weil er die Bibel sprachgewaltig ins Deutsche übertragen hat, als einen der Ihren. Die Adligen feiern ihn, weil sie es satt haben, sich von Rom bevormunden und gängeln zu lassen, und das gemeine Volk sieht in ihm ohnehin einen Befreier. Zugute kommt Luther zudem die Erfindung des Buchdrucks durch einen gewissen Johannes Gutenberg aus Mainz (1399-1468). Durch dessen genialen Einfall, mit dem ganze Textseiten mittels beweglicher Bleilettern mehrfach gedruckt werden können, werden Luthers Schriften in ganz Europa verbreitet und auch gelesen. Über 1000 Bücher werden um 1525 in Deutschland gedruckt – knapp 100 waren es noch zehn Jahre zuvor.

In vielen Gegenden Deutschlands werden Luthers Lehren so schnell und so radikal umgesetzt, wie er es sich selbst wohl nicht hätte träumen lassen. Klöster werden geschleift, Pfarrer aus den Städten gejagt, Priester verlacht und verspottet. Ganze Ordensgemeinschaften fallen vom Katholizismus ab, heiraten und zeugen Kinder und verweigern sich damit dem Zölibat. In der Schweiz bilden sich mit Ulrich Zwingli und Jean Calvin noch radikalere Reformatoren heraus, die ihr Wirken – vor allem Calvin – bis zur Ausrufung eines reformierten Gottesstaates ausdehnen. Die Calvinisten, die mit ihrem von Askese, Gottesfurcht, Recht und Ordnung und Schmucklosigkeit geprägten Glauben ein zwar freudloses, aber simples System etablieren (zunächst in Genf zwischen 1541 und 1564), werden gar zum Vorbild für viele fundamental-christliche Gemeinschaften in aller Welt (vor allem in Amerika, England und Holland). Auch die Puritaner, die einige Jahrzehnte später in England von sich reden machen, orientieren sich an Calvins Lehre von der Schicksalsfestlegung. Demnach hat Gott von Beginn an festgelegt, welcher Mensch verdammt und welcher erlöst sei. Dies wiederum führt dazu, dass sich die Anhänger der Lehre ständig fragen, ob sie zu den auserwählten Erlösten gehören und buchstäblich alles dafür tun, ein möglichst gottgefälliges Leben ohne irgendeine Form des puren Vergnügens zu führen. Luther selbst wäre ein entschiedener Gegner dieses Systems gewesen. Er neigte zum Genuss, zu gutem Essen und zu einem kräftigen Schluck Wein und soll – nach einem Gelage auf der Wartburg – seine Gäste sogar gefragt haben: „Warum rülpset und furzet ihr nicht? Hat es euch nicht geschmacket?"

Der 30-jährige Krieg

Was folgt aus diesen verschiedenen reformatorischen Strömungen? In Calvins Lehre richtet sich der Staat nach den religiösen Ausrichtungen – bei Luther unterwirft sich die Religion dem Staat. In beiden Fällen jedoch ist für den Katholizismus und seine auf Furcht und unbedingte Autorität eines Einzelnen (Papst) aufgebaute Lehre kein Platz mehr. Doch

besiegt sind die Katholiken dadurch noch lange nicht: Es kommt zu einer katholischen Gegenreformation, mit der versucht wird, die Wankelmütigen und Unentschlossenen mit allen Mitteln bei der Stange zu halten.
Prompt entwickelt sich ein Streit der Konfessionen (Bekenntnisse), der in Mitteleuropa im Jahr 1618 in den so genannten 30-jährigen Krieg mündet. Dieser ist allerdings nur vordergründig ein bloßer Glaubenskrieg – eigentlich geht es auch um die Vorherrschaft im Reich. Die verschiedenen, regionalen Fürsten wollen gerne so unabhängig wie irgend möglich bleiben – der Kaiser will so viel Macht wie es nur geht. Langer Rede kurzer Sinn: Nachdem über drei Jahrzehnte (der Krieg endet 1648 mit der Unterzeichnung des Westfälischen Friedens in Münster) so ziemlich jeder gegen jeden gekämpft, sich sogar König Gustav von Schweden eingemischt und mit seinen Horden ganze norddeutsche Landstriche verwüstet hatte und in manchen Gegenden zwei Drittel der Bevölkerung getötet worden waren, endet das Tohuwabohu schließlich mit dem Sieg der Fürsten.
Oberflächlich betrachtet kein Drama – für die deutsche Entwicklung jedoch fatal. Zum einen bestimmen nun die verschiedenen Landesherren die politische und religiöse Ausrichtung ihrer jeweiligen Untertanen, zum anderen fehlt dem Land ein kulturelles und politisches Zentrum. Intrigen, Kleinstaaterei, Misstrauen, Zollschranken, wechselseitige Beschuldigungen und generationenübergreifende Vorurteile prägen das Denken. Deutschland wird ein Fleckerlteppich von Klein- und Kleinststaaten, die eifersüchtig auf ihre Souveränität achten und ein höchst provinzielles Gebaren an den Tag legen. Die große Weltgeschichte wird anderswo gemacht – der 30-jährige Krieg hat Deutschland für die Entwicklungen der kommenden Jahrhunderte versaut.

Von der Französischen Revolution zum Deutschen Reich

Erst rund 200 Jahre nach dem Ende dieses Krieges ändern sich mit dem Entstehen der beiden Blöcke Österreich und Preußen die Gegebenheiten wieder. Doch stellen wir dies jetzt noch ein wenig hintan und wenden uns wieder den Nachbarn zu: Die Französische Revolution und die Aufklärung prägen im 18. Jahrhundert das Gesicht Europas.

England als Wiege der Revolution

So paradox es klingt: Die Französische Revolution nimmt in England ihren Anfang. Dort wird – wir erinnern uns – die parlamentarische Demokratie erfunden und der französische Philosoph Voltaire schreibt in seinen „Briefen über die Engländer" im Jahre 1734: „Die englische Verfassung hat eine solche Vollkommenheit erreicht, dass infolgedessen die Menschen ihre natürlichen Rechte genießen, deren sie in fast allen Monarchien beraubt sind."

Voltaire

Voltaire wird als François Marie Arouet im Jahr 1694 geboren. Der hochintelligente junge Zweifler avanciert zum bedeutendsten Philosophen des Zeitalters der Aufklärung und gilt bis heute als deren wichtigster Vertreter. Er legt sich den „Künstlernamen" Voltaire zu und plädiert für Toleranz („Abhandlung über die Toleranz", 1763). Voltaire bricht mit religiösen Traditionen und hält beispielsweise die Erkenntnis der Unsterblichkeit für unmöglich. Indirekt bezweifelt er damit auch die Existenz eines Gottes und einer Seele, auch wenn er dies nie offen ausspricht. Andererseits hät Voltaire nur die „Erkenntnis des

Transzendenten“ für unmöglich – die grundsätzliche Möglichkeit des Bestehens streitet er nicht ab. Kultur ist für Voltaire ein wesentliches Element des Menschen, um sich vom Tier zu unterscheiden, und entsprechend hoch gewichtet er kulturelle Leistungen. Er gilt als Bewunderer seines französischen Landsmannes, des Dichters Molière. Voltaire erreicht das für die damalige Zeit erstaunliche Alter von 84 Jahren und stirbt 1778. Seine Ideen, die auch politische Dimensionen aufweisen, werden in der Französischen Revolution aufgegriffen und gegen das absolutistische Herrschaftsprinzip verwendet.

Was haben die Engländer eigentlich genau erreicht? Nun ja – zunächst mal haben sie festgestellt, dass sie nicht unbedingt einen König brauchen, um ordentlich regiert zu werden. So ganz wollen sie jedoch nicht auf ihn verzichten, aber – ob bewusst oder unbewusst – sie besetzen den Thron mit mehr oder weniger unfähigen Gestalten. Die kindliche Königin Anne beispielsweise ist vollständig unfähig, irgendwelche Entscheidungen zu fällen, ständig auf die parlamentarischen Ratgeber angewiesen und bleibt außerdem kinderlos.
Als man sich mit ihrem Nachfolger Georg I. einen Fürsten aus dem Geschlecht der Hannoveraner ins Land holt, hat man einen weiteren Schritt auf dem Weg zur parlamentarischen Demokratie getan. Denn der gute Georg spricht kein Wort Englisch und ist auch nicht helle genug, die Sprache zu lernen. Deswegen schickt er immer seinen Ersten Minister zu den Parlamentssitzungen – eine Regelung, die den beiden Parteien (Tories und Wigs) so gut gefällt, dass sie sie gleich beibehalten. Das Amt des Premierministers ist erfunden.

Die Gewaltenteilung

Die Entwicklung der parlamentarischen Demokratie in England ist ein echter Quantensprung der Neuzeit. Unglaublich viele Dinge, die noch heute im sozialen und politischen Leben ihren Platz haben, werden entwickelt. Die Bank von England wird gegründet, Aktiengesellschaften entwickelt und eine Lotterie aus der Taufe gehoben. Das System der Lebensversicherungen wird entwickelt und gibt dem gemeinen Volk erstmals die Möglichkeit, die eigene Nachkommenschaft abzusichern, ohne gleich Land erwerben zu müssen. Dank der Pressefreiheit entwickelt sich eine Debattenkultur, und da sich dieser auch die Intellektuellen nicht entziehen können, wird ein reger Meinungsaustausch aller Klassen auf hohem Niveau in populärer und allgemein verständlicher Form gepflegt. Zudem liefert der Philosoph John Locke, von seinen Landsleuten als einer der größten Denker anerkannt, mit einem Traktat zur Regierung eine Art „Vor-Verfassung“: Diese Schrift enthält die Lehre von der Gewaltenteilung zwischen Exekutive (in diesem Fall Regierungskabinett und König) und Legislative (das Parlament). Im Klartext: Diese beiden Kräfte müssen sich einigen, um gemeinsam das Land führen zu können. Später wird diese Theorie vom Franzosen Montesquieu noch durch die Judikative (die Gerichte) ergänzt und damit erkennt das geschulte Auge bereits die Urform unserer heutigen freiheitlich-demokratischen Rechtsordnung.

Sir Isaac Newton und der Aufschwung der Wissenschaft

Beflügelt von der Demokratie blühen im England des späten 17. Jahrhundert auch die Wissenschaften auf. Von sich reden macht vor allem ein gewisser Isaac Newton, der das bis dato immer noch in den Köpfen etablierte, altertümliche und von Aberglauben geprägte Weltbild gründlich auf den Kopf stellt. Die Legende will wissen, dass Newton eines Tages unter einem Baum gesessen habe und sich fragte, warum der fallende Apfel nicht gen Himmel steigt, sondern zu Boden fällt. Dies ist zwar historisch nicht belegbar, klingt aber einleuchtend. Fest steht, dass Isaac Newton, geboren im Jahre 1643, einer der größten Naturwissenschaftler aller Zeiten ist. Der englische Physiker, Mathematiker und Astronom stellt tatsächlich das so genannte „Gravitationsgesetz“ (Gesetz von der Schwerkraft) auf und verfasst das Werk „Philosophiae naturalis principa mathematica“ („Mathematische Prinzipien der Naturlehre“), das als Grundlage für die Etablierung aller modernen Naturwissenschaften gilt. Es gelingt ihm, erstaunlich exakt die Masse des Mondes und der bis dato bekannten Planeten zu berechnen, er erfindet die Differenzialrechnung und zerlegt das Licht in die so genannten „Spektralfarben“. Ihm zu Ehren wird die physikalische Einheit der Kraft als „Newton“ (N) bezeichnet. Newton stirbt hoch geachtet im Jahr 1727, kurz nachdem ihm das britische Königshaus die Würde eines „Sir“ verliehen hat.

Der Apfel fällt nicht weit vom Stamm –
Newtons Erkenntnis?

Die Aufklärung

Aber nun wieder zurück nach Frankreich: Wie gesagt – die englische Demokratie ist ein Grundstein für die Französische Revolution. Ein anderer ist die so genannte „Aufklärung". Doch was hat es damit eigentlich auf sich? Nein – es geht nicht darum, den Menschen zu erklären, wo die Babys herkommen. Die „Aufklärung" des 18. Jahrhunderts ist ein wesentlich tiefer greifender Prozess – eine neue Art des Denkens, die den Menschen als selbstständiges und eigenverantwortliches Individuum in den Mittelpunkt des Daseins stellt. Ausgangspunkt dieser neuen Denkart ist ein gewaltiges literarisches Werk – eine Enzyklopädie, in der sämtliches bis dato bekanntes Wissen der Menschheit möglichst umfassend dargestellt werden soll.

In Auftrag gegeben wird sie von einem Zusammenschluss französischer Verleger (1746), unterteilt ist sie in die Bereiche Geschichte, Wissenschaft, Theologie, Literatur und Philosophie, enthält zahlreiche Stichworte, aber auch längere Artikel und erscheint in den Jahren zwischen 1752 und 1765 in mehreren Bänden. Das Mammutwerk, an dem zahlreiche französische Philosophen – unter anderem auch der Großmeister der Aufklärung, der vormals erwähnte Voltaire – mitarbeiten, wird zum echten Kultbuch dieser Epoche. Denn die Schreiberlinge erdreisten sich in ihren Texten, so ziemlich alles zu hinterfragen, was bisher widerstandslos hingenommen worden war.

So werden beim Thema „Theologie" beispielsweise die Widersprüche der Bibel ausführlich beleuchtet und analysiert, die Schöpfungsgeschichte angezweifelt und das Papsttum – wenn auch eher zwischen den Zeilen – in Frage gestellt. Prompt wird die Enzyklopädie vom Papst mit einem Verdammungsurteil belegt und verschiedene Fürstenhäuser Europas versuchen, ihre Verbreitung zu verhindern. Auch der französische Hof selbst ist wechselweise empört und entsetzt, verbietet den Druck, um ihn wenig später auf Drängen einflussreicher Gelehrter wieder freizugeben.

Friedrich der Große von Preußen ist hingegen begeistert: Er lässt das Monumentalwerk in Berlin unter seiner Schirmherrschaft herausbringen, und der erste „Bestseller“ nach der Bibel beginnt seinen Siegeszug durch die bürgerlichen Haushalte Mittel- und Nordeuropas. Die geistigen Grundlagen für das mehrbändige Werk hat übrigens ebenfalls ein Franzose gelegt, der – ohne es zu ahnen – von seinen Nachkommen als „erster Aufklärer“ gefeiert wird …

René Descartes

Mit Descartes beginnt das neuzeitliche Denken. Der französische Philosoph, Mathematiker und Physiker (1596-1650) beruft sich in seinen Theorien zumeist auf die griechischen Philosophen oder die Bibel. Sein Trick: Er lässt nichts gelten – zweifelt an allem und gelangt schließlich zur folgenden Einsicht: Das Einzige, an dem nicht gezweifelt werden kann, ist das Zweifeln an sich. Daraus folgert er, dass die Definition des Menschen nur über das Denken stattfinden kann. Sein berühmtester Ausspruch lautet also: „Cogito, ergo sum“ (Ich denke, also bin ich). Ebenfalls berühmt wird auch seine These, dass die Körperlichkeit strikt vom Geistigen getrennt werden müsse.

Vorsicht!
Bildungshäppchen

Der kategorische Imperativ

So klingt's bei den Superschlauen: Der Philosoph Immanuel Kant (1724-1804) prägte den kategorischen Imperativ in seiner kritisch-subversiven Phase als Sittengesetz, wonach jedes menschliche Individuum als vernunftbegabtes Wesen den Regeln von Gut und Böse automatisch unterworfen ist und sich dessen auch stets bewusst sein sollte.

Was bedeutet das? Was du nicht willst, dass man dir tut – das füg auch keinem andern zu. Oder auch: Jeder sollte wissen, was man nicht tun darf.

Freiheit, Gleichheit, Brüderlichkeit

Was ist nun so bahnbrechend an dieser Enzyklopädie? Nun – es ist schon fast paradox, dass ein Werk, das so offensichtlich mit Traditionen bricht, die englische Demokratie als politisches Vorbild anpreist und den absoluten Führungsanspruch des Staates anzweifelt, in einem Land entsteht, das den Absolutismus als die perfekte Staatsform entdeckt hat. Frankreich wird von einer absoluten und unumschränkten Allgewalt eines Einzelnen regiert, ein riesiger Verwaltungsapparat sorgt für den reibungslosen Ablauf. Bürger und Bauern haben so gut wie keine Rechte – doch gerade die Bürger lesen nun die aufklärerischen Schriften ihrer eigenen Intellektuellen. Es ist von nun an nur noch eine Frage der Zeit, bis sich das neue Wissen in einer Forderung nach neuer Politik manifestiert. Freiheit, Gleichheit, Brüderlichkeit – der Ruf der Revolution hat seinen Ausgangspunkt in der Enzyklopädie der Aufklärung.

Übrigens: Die Philosophen und Gelehrten, die an dem genannten Nachschlagewerk der besonderen Art gearbeitet hatten, nennen unisono neben Descartes noch einen weiteren Franzosen ihr Vorbild: Molière.

Molière

Jean-Baptiste Poquelin heißt der Mann eigentlich, doch berühmt wird er unter seinem Künstlernamen Molière. Geboren wird er 1622, mitten in der Zeit des 30-jährigen Krieges und des französischen Weges in den Absolutismus. Der begabte Schreiber verlegt sich auf Bühnenstücke und avanciert durch Wortwitz und seine Fähigkeit, menschliche Schwächen satirisch auf den Punkt zu bringen, zum berühmtesten Autoren seiner Epoche. „Tartuffe", „Der Menschenfeind" und „Der eingebildete Kranke" gehören bis zum heutigen Tag zu den meistgespielten Dramen der Theatergeschichte. Eigentlich ist Molière kein politischer Mensch, doch durch seine analytischen Fähigkeiten den menschlichen Charakter betreffend sowie seine Neigung zur subtilen Kritik an bestehenden

Zuständen wird er noch zu Lebzeiten zur Symbolfigur einer Bewegung, die sich „Aufklärung“ nennt. Molière stirbt berühmt und verehrt im Jahre 1673.

Vorsicht! Bildungshäppchen

„Der eingebildete Kranke“ von Molière
So klingt's bei den Superschlauen: Lange vor Sigmund Freud entlarvt Molière den Hypochonder als einen narzisstischen Neurotiker. Dass er gleichzeitig die aristokratische Moral persifliert, macht Molière zum profilierten und unverzichtbaren Vordenker und Wegbereiter der Aufklärung.
Was das bedeutet? Ein ziemlich wohlhabender Möchtegern-Kranker findet sich selbst und seine eingebildeten Krankheiten klasse und schwadroniert viel über Sinn und Unsinn des Lebens. Das Ganze ist recht komisch, vor allem wenn man weiß, dass Molière selbst die Titelrolle spielte und auf der Bühne verstarb. Das nennt man eine wirklich überzeugende Darstellung eines Krankheitsbildes.

Die Vernunft

An dieser Stelle gucken wir noch einmal kurz nach Deutschland. Dort regiert ein gewisser Friedrich der Große in Preußen und der ist – wie erwähnt – nicht nur ein überzeugter Gegner des Papstes, sondern ebenfalls ein absolutistischer Herrscher. Gleichzeitig ist er jedoch auch ein genialer Taktiker, ein skrupelloser Machtmensch und ein geradezu besessener Anhänger der Vernunft. Vernunft? Richtig – die Schriften der Aufklärung sind Wasser auf Friedrichs Mühlen …

Friedrich II. von Preußen

Sie nennen ihn schon als jungen Mann den „Alten Fritz“ – ein Spitzname, der ihn als einen der populärsten Könige der deutschen Geschichte ausweist. Friedrich der Große, wie er ebenfalls tituliert wird, wird 1712 als Sohn von Friedrich Wilhelm I. von Preußen geboren. Sein Vater, der sich gerne als „Soldatenkönig“ feiern lässt, hat mit dem streng organisierten preußischen Heer die Grundlagen gelegt, auf denen der „Alte Fritz“ ab 1740 aufbaut.

Der Vertreter des aufgeklärten Absolutismus, der große Geister wie Molière und Voltaire an den preußischen Hof holt und dennoch den Prunk von Versailles als architektonisches Vorbild betrachtet, baut in seiner Politik auf den Grundlagen auf, die sein ihm verhasster Vater hinterlassen hat. Dieser war ein fanatischer Verfechter des Drills und einer perfekt funktionierenden Verwaltung. Zudem hatte er die allgemeine Schulpflicht eingeführt. Sein Sohn, der sich ausschließlich auf Französisch unterhält und als „Philosoph auf dem Throne“ gilt, festigt im so genannten „Siebenjährigen Krieg“ die Großmachtstellung Preußens gegenüber Österreich, Frankreich und Russland und klaut der österreichischen Kaiserin Maria Theresia Schlesien.

Bemerkenswert sind allerdings auch seine politischen Reformen: Er gibt ein Gesetzwesen in Auftrag, das seine Amtszeit lange überdauert und als Grundlage für viele späteren Straf- und Zivilrechtsordnungen dient. Und er legt in Preußen die Basis zu einer neuen Wirtschaftsordnung, dem Merkantilismus. Diese aggressive, von Schutzzöllen und starkem Konkurrenzdenken geprägte Form des Handels darf heute als Fundament des Kapitalismus in seiner jetzigen Form betrachtet werden. Der „Alte Fritz“ stirbt im Jahr 1786 und hinterlässt ein Preußen auf der Höhe seiner Macht.

Vorsicht!
Bildungshäppchen

„Die Zauberflöte" von Wolfgang Amadeus Mozart
Mozart ist ein Zeitgenosse jenes „Alten Fritz". Über seine Oper lässt sich mit den folgenden Worten angeben: Mit der eloquenten Leichtigkeit des musikalischen Hasardeurs erteilte das Salzburger Wunderkind als gereifter, wenngleich stets vom Scheitern bedrohter Lebenskünstler in Wien der bürgerlichen Moral der aristokratisch strukturierten Stadt und der durch und durch korrumpierten Perücken-Moral seiner Heimat eine klare Absage. Dabei bedient er sich sehr geschickt der Kunst der Verfremdung, indem er die Initiationsriten der Illuminaten durch seine von spielerischer Eleganz geprägte Musik konterkariert.
Was das bedeutet? Tamino hält sich für edel, hilfreich und gut, während Papageno eher ein naiver Haudrauf ist. Letztgenannter hat allerdings das Dusel gepachtet und kriegt am Ende auch die holde Jungfrau. Singspiel mit Happyend.

Wolfgang Amadeus Mozart und Ludwig van Beethoven

Und weil's so schön reinpasst – das Wichtigste über Mozart und seinen beinahe ebenso populären Musiker-Kollegen Ludwig van Beethoven in aller Kürze:
Hätten ihn seine Landsleute schon zu Lebzeiten so in Ehren gehalten, wie sie es heute tun, hätte Wolfgang Amadeus Mozart wohl einige Sorgen weniger gehabt. Doch das größte Genie der Musikgeschichte stirbt 1791 im Alter von nur 35 Jahren völlig verarmt an der Schwindsucht. Erst nach seinem Tod wird den Wienern klar, was sie verloren haben. Bereits im zarten Alter von vier Jahren kann das „Wolferl", wie ihn seine musikalischen Eltern nennen, ganze Partituren fehler-

frei am Klavier spielen. Wenig später hat das „Wunderkind“ bereits Auftritte in ganz Europa, spielt vor dem Papst und der Kaiserin und komponiert sogar schon selbst. In Salzburg geboren und aufgewachsen, zieht der jugendliche Mozart nach Wien, um dort die begehrte Stelle als kaiserlicher Kapellmeister zu erhalten. Doch Intrigen und seine Feindschaft mit dem einflussreichen Hofmusiker Salieri verhindern dies und so lebt das Genie mehr schlecht als recht von Unterrichtsstunden und den Aufführungen seiner Kompositionen. Zu diesen gehören Opern wie „Figaros Hochzeit“, „Die Zauberflöte“, „Don Giovanni“ und „Der Barbier von Sevilla“. Doch was später weltweit gefeiert wird, erhält in Wien selbst zeitweise nur sehr verhaltene Resonanz. Zu revolutionär, zu leichtlebig, zu frivol ist den einheimischen Musikkritikern sein Stil und erst später wird er als der wohl wichtigste Interpret der „Wiener Klassik“ gefeiert.

Ungestüm, jähzornig und unberechenbar: Die Eigenschaftsworte für Ludwig van Beethoven weisen auf ein musikalisches Genie von besonderer Statur. Geboren als Sohn eines trunksüchtigen Hofkapellmeisters in Bonn (1770), siedelt er 1792 nach Wien über und wird dort Schüler von Haydn und Mozart. Zunächst feiert er große Erfolge als Pianist und Dirigent, zieht sich aber im Laufe der Jahre immer mehr zurück und verlegt sein Hauptaugenmerk auf das Komponieren. Grund dafür ist eine Krankheit seiner Gehörwege, die ihn nach und nach taub werden lässt. Jahrelang versucht er dagegen anzukämpfen, „haut“ dermaßen auf die Klaviertasten ein, dass er pro Jahr angeblich zwei bis drei neue Konzertflügel benötigt. Seine bekanntesten Werke sind seine Symphonien, wobei der „Fünften“ und der „Neunten“ der Status der zeitlosen Meisterwerke eingeräumt werden muss.

Der Einfluss Russlands

So – jetzt könnten wir eigentlich endlich zur Französischen Revolution übergehen. Darauf leiten wir nun ja schon seit einigen Seiten hin und es würde auch so schön in den Rahmen passen. Aber leider, leider – die Geschichte verläuft nicht unbedingt in geraden Bahnen und bevor wir uns dem schicksalhaften Jahr 1789 zuwenden, müssen wir erst noch unseren Blick von Frankreich aus in Richtung Osten lenken. Dort nämlich sind nach und nach zwei neue Machtfaktoren entstanden, die in den folgenden Jahren und Jahrhunderten einen großen und leider längst nicht immer positiven Einfluss auf den Lauf der Geschichte nehmen werden: Preußen und Russland.

Preußen haben wir mit der Person Friedrich II. schon einigermaßen abgehandelt – mehr Platz steht leider nicht zur Verfügung und wir kommen ohnehin immer wieder darauf zu sprechen. Was aber ist eigentlich in den vergangenen 1000 Jahren in Russland passiert? Ein Überblick in Kurzform:

Russische Geschichte im Schnelldurchlauf

862: Der Wikingerfürst Rurik erobert weite Landstriche Russlands, unterwirft und einigt die bis dato dort nomadisierenden Stämme der Ostslawen, wird „Rus“ genannt und gilt als erster großer Herrscher des Riesenreichs.

1000: Unter Vladimir dem Heiligen und dem Einfluss der Missionare der byzantinischen Ostkirche treten die Russen nach und nach der christlich-orthodoxen Glaubensgemeinschaft bei. Im Süden halten sich noch einzelne papistische und sogar einige islamische „Inseln“.

1233: Dschingis Khan bricht mit seinen Mongolen über Russland herein, unterwirft das Land und macht es zum Teil des „Mongolischen Großreichs der Goldenen Horde“.

1472: Iwan III. befreit das Land von der mongolischen Herrschaft, erklärt sich selbst zum Kaiser (Zar) und bezeichnet sich als einzig legitimen Nachfolger des untergegangenen Kaisertums von Byzanz.
1533: Iwan IV., auch genannt „der Schreckliche", modernisiert das Reich in Handel, Verwaltung und Landwirtschaft – geht aber mit einer bis dato unbekannten Brutalität und Erbarmungslosigkeit gegen jede Opposition vor.
1613: Die Romanows, ein Seitenzweig der direkten Nachfolger des legendären Rurik, kommen an die Macht. Sie regieren bis zur Russischen Revolution im Jahr 1917.

Peter der Große

Damit wären wir im Jahre 1689 angekommen, in dem Peter I. das Ruder des russischen Reiches übernimmt. Er verändert das Land radikal und stellt eine Elitetruppe junger Männer auf, die in Europa auf eine Art „Lehrfahrt" gehen. Sie sollen dort Schiffbautechnik, Landwirtschaft, Literatur, Handel, Industrie, Politik und Philosophie studieren und die erlernten Kenntnisse – das Wissen des Westens – nach Russland importieren. Er selbst mischt sich unerkannt ebenfalls immer wieder unter diese Truppe, arbeitet in Holland als Zimmermann (wird in Lortzings Oper „Zar und Zimmermann" verewigt), lernt die Kunst des Zähneziehens sowie einige Ingenieurwissenschaften und verschiedene Lektionen der Mechanik.
Zurück in Russland modernisiert Peter das Land in bisher nie gekannter Weise. Zunächst führt er die Rasur ein (bis dato galt der lange Bart als unersetzbares Zeichen russischer Männlichkeit), stutzt die Macht der orthodoxen Kirche, gibt den Frauen Rechte und ersetzt den Geburtsadel durch einen so genannten Verdienstadel. Im Klartext: Wer etwas geleistet hat, wird zum Fürsten ernannt – seine Söhne müssen erst wieder Entsprechendes zu Wege bringen, bevor sie auf Ähnliches hoffen können. Er macht die kyrillische Schrift obligatorisch, errichtet Schulen und Universitäten, gründet Zeitungen und

Bibliotheken und lässt mittels Tausender von versklavten Zwangsarbeitern an der Ostsee eine neue Hauptstadt errichten, die seinen Namen trägt: St. Petersburg. Ganz nebenbei besiegt er mit Hilfe der Dänen und August des Starken von Polen auch noch den schwedischen König Karl XII. in einer gewaltigen Schlacht, verleibt seinem russischen Großreich damit das komplette Baltikum (Estland, Lettland, Litauen) ein, das bisher von Schweden regiert worden war, und hat bei seinem Tod im Jahre 1752 sein Land gewaltsam, mit ungeheurer Rücksichtslosigkeit und getrieben von einer gewaltigen Vision aus einem rückständigen Bauernstaat in die Neuzeit geführt. Organisiert nach preußisch-französischem Vorbild wird Russland nun zum einem Machtfaktor in Europa.

Amerika löst sich

Die Französische Revolution ... ist immer noch nicht dran. Denn sie hat noch ein „Vorspiel", das jenseits des großen Teiches, in Amerika, stattfand. Dort lieferten sich ab etwa 1750 die Groß- und Kolonialmächte Frankreich und England blutige Scharmützel um die Vorherrschaft in den überseeischen Regionen, wobei die Franzosen mit ihren riesigen Territorien von Quebec und rund um New Orleans im Süden zunächst klar am Drücker waren. Mit der Ernennung William Pitts zum englischen Premierminister (1756) änderte sich dies. Der gewiefte Taktiker nutzte Frankreichs Reibereien mit Preußen aus (Siebenjähriger Krieg) und schränkte die militärischen Aktionen stark ein. Stattdessen bekämpfte er systematisch den französischen Außenhandel, ersann immer neue Methoden, um die Handelswege des französischen Imperiums zu durchlöchern, suchte sich in Nordafrika, Ostasien und Indien neue Verbündete und nutzte die politische Unbeweglichkeit des absolutistisch regierten Frankreichs gnadenlos aus.
Was Pitt jedoch nicht auf der Rechnung hatte: Die englischen Kolonien – endlich spürbar vom französischen Druck befreit – wollen nun ihrerseits die Freiheit auch genießen. Bisher zwischen den Fronten der beiden Kolonialmächte aufgerieben

und zudem von (naturgemäß) aufgebrachten Indianern attackiert, schnuppern die insgesamt 13 Kolonien nun an der Unabhängigkeit von England. Denn das „Mutterland" hat es bisher versäumt, seine Besitztümer in Nordamerika als selbstständig denkendes Staatswesen zu betrachten.
Für England sind die Kolonien nichts anderes, als Rohstofflieferanten und Handelspartner, die man ziemlich leicht übers Ohr hauen kann. Schließlich beschließen die Amerikaner, einfach keine britischen Waren mehr ins Land zu lassen, und als die Briten es dennoch versuchen, kommt es zur so genannten „Boston Tea Party" (1773). Dabei wird die gesamte Ladung eines britischen Handelsschiffes, bestehend aus Tee, von einigen als Indianer verkleideten Amerikanern ins Wasser gekippt. Die Briten sind empört – die Amerikaner kampfeslustig: Der Unabhängigkeitskrieg nimmt ab 1775 seinen Lauf.
Dieser Krieg ist für die Briten langfristig nicht zu gewinnen. Die Einheimischen kennen das Land viel besser – die britischen Nachschubwege sind zu unsicher und leicht zu unterbrechen und zudem holen sich die Amerikaner mit etlichen gut gedrillten Soldaten aus Hessen noch strategische Unterstützung ins Haus. Die notwendige militärische Ausbildung importieren sie ebenfalls aus Deutschland: Ein Offizier namens Friedrich Wilhelm von Steuben, der sich selbst gerne als General bezeichnet, in Wirklichkeit jedoch lediglich ein begabter Kapitän im Siebenjährigen Krieg und nicht einmal adlig war, vermittelt den Amis das nötige Know-how in moderner Kriegsführung und wird dafür noch heute bei der alljährlichen New Yorker Steuben-Parade geehrt. Am 4. Juli 1776 kommt es dann zum endgültigen Bruch zwischen den Kolonien und dem Mutterland: Die Kolonien erklären sich unabhängig, die Vereinigten Staaten von Amerika sind geboren. Doch der Krieg tobt noch sieben Jahre weiter. Erst 1783 geben die Engländer auf, ihre Kolonien frei, und in Philadelphia etabliert sich eine verfassungsgebende Versammlung (1787), die unter der Führung von Thomas Jefferson eine demokratische Staatsordnung aus dem Boden stampft. Zum ersten Präsidenten wird ein gewisser George Washington gewählt.

George Washington
Der erste Präsident der Vereinigten Staaten von Amerika gilt bis zum heutigen Tag als Sinnbild für den Erschaffer und Bewahrer einer demokratischen und gerechten Gesellschaftsordnung. Der im Jahr 1732 geborene Offizier kämpft im amerikanischen Unabhängigkeitskrieg (1775-1783) und ist Oberbefehlshaber der Kolonisten-Streitmacht, die die Unabhängigkeit von Großbritannien durchsetzt. 1787 wird er Vorsitzender des Verfassungskonvents, das die Grundlage der amerikanischen Verfassung erarbeitet. Von 1789 bis 1797 ist er Präsident der Vereinigten Staaten. Zwar ist in der Verfassung festgeschrieben, dass er nur zwei Wahlperioden als Präsident wirken darf, doch man versucht ihn zu einer dritten Amtszeit zu bewegen. Mit dem Verweis auf die soeben erst geschaffene Verfassung lehnt Washington dies ab. Der nachdenkliche und besonnene Staatsmann, der sich schon wenige Jahre nach dem Krieg gegen die „britischen Rotröcke" um die Versöhnung mit der englischen Krone bemüht, stirbt 1799.

Die Französische Revolution

Was hat der Unabhängigkeitskrieg im fernen Amerika mit der Französischen Revolution zu tun? Nun – mehr als man gemeinhin annehmen möchte. Zum einen ist das französische Staatswesen durch die Niederlage gegen England im Kampf um die Vorherrschaft in den Kolonien geschwächt. Zum anderen ist der Freiheitskampf der Amerikaner ein leuchtendes Beispiel für die unterdrückten Massen des dritten Standes in Frankreich, der sich durch eine gigantische Verschwendungssucht des Königshofes – es regierte der vollkommen überforderte und geistig eher schlicht gestrickte Ludwig XVI. mit seiner österreichischen Gattin Marie Antoinette – an den Rand einer Hungerkatastrophe gedrängt sieht.
Kurz: Es gärt und grummelt im Volk und der König sinnt zunächst auf Abhilfe. Er beruft zum ersten Mal seit 1614 wieder die Nationalversammlung ein – eine Art Parlament der Stände. Dies hätte er mal lieber bleiben lassen sollen, denn es

wird von den Bürgern als Signal gewertet, sich politisch zu betätigen. Innerhalb weniger Wochen laufen immer mehr Geistliche und Adlige – angewidert vom selbstherrlichen Gebaren des Königs – zum bislang rechtlosen dritten Stand über, und als Graf Mirabeau während einer Versammlung den Satz „Der König hat hier nichts zu befehlen – wir sind das Volk" prägt (zumindest die zweite Hälfte dieses Satzes gewinnt ziemlich exakt zwei Jahrhunderte später noch einmal weltweite Bedeutung), nimmt die Revolution ihren Lauf.
Zum entscheidenden Datum – eigentlich nur, weil es so hübsch symbolisch ist – wird der 14. Juli 1789. An diesem Tag beschließt eine größere Menge von Bürgern sich zu bewaffnen und weil Munition knapp ist, entschließt man sich, sich in der Bastille zu bedienen. Die Bastille, ein altersschwaches Gefängnis mit bröckelnden Mauern im Herzen von Paris, gilt ohnehin als Symbol staatlicher Willkür. Besetzt ist sie allerdings nur von einigen Veteranen und ein paar Jungspunden, denn die Gefangenen, die dort noch untergebracht sind, sind nicht einmal dem König noch besondere Aufmerksamkeit wert.
Sei's drum: Die Masse hat Blut geleckt und noch während der Verhandlungen zur friedlichen Übergabe wird das Gemäuer gestürmt, die höchst erstaunten Gefangenen werden befreit und die anwesenden Soldaten flugs niedergemetzelt. Die Erstürmung der Bastille – bei Licht betrachtet eine höchst unspektakuläre und auch nicht besonders sportliche Veranstaltung – wird zum Startschuss für die Wirren der kommenden Wochen. Bauern stürmen Klöster und Schlösser im ganzen Land, der König gerät immer mehr unter Druck und am 27. August beschließt die Nationalversammlung eine Art Menschenrechtserklärung, die auf dem Muster der amerikanischen Verfassung beruht. Am 6. Oktober wird der König von Versailles nach Paris geschafft, versucht als Bürgerlicher verkleidet zusammen mit seiner Gattin zu fliehen, wird jedoch kurz vor der belgischen Grenze verhaftet und zurückgebracht.

Das Chaos regiert

Die folgenden Jahre sind geprägt von Chaos, Gewalt und Anarchie. Marat, Robespierre und Danton heißen die Männer, die versuchen, die Massen mit unterschiedlichen Methoden auf ihre politische Linie zu ziehen. In der Nationalversammlung, wie das erste frei gewählte Parlament heißt, sitzen immer noch Königstreue (auf der rechten Seite) sowie Jakobiner (das Hauptquartier der Vereinigung ist ein ehemaliges Jakobiner-Kloster, die Mitglieder sitzen ganz links) und Girondisten (benannt nach dem Departement Gironde). Die Letztgenannten gelten als weniger radikal.

Die junge Demokratie steckt bis 1793 in schweren Geburtswehen. Eine Art „revolutionäre Garde" aus Marseille marschiert 1790 nach Paris, um die Revolution zu verteidigen, und singt dabei eine Art Marschlied: die Marseillaise. Damit hatte man immerhin schon eine Nationalhymne, aber noch längst kein gemeinsames Nationalbewusstsein.

Auf den Straßen von Paris tobt der Terror – jeder kämpft gegen jeden, und selbst der Abgeordnete Georges Danton, ein eher gemäßigter Politiker, der den Ausgleich mit allen Fraktionen sucht und zum Vorsitzenden des Exekutivrates ernannt wird, hat keine Chance, das Blutvergießen zu beenden. Die verfassungsgebende Versammlung löst sich am 20. September 1792 auf und schreibt Neuwahlen aus, die allerdings nur kurzfristig für Ruhe sorgen.

Zudem wird Frankreich nun auch von außen bedroht. Österreich und Preußen wollen die Revolution ersticken und erklären dem neuen Frankreich den Krieg. In der Schlacht von Valmy (1792) werden sie von den Revolutionstruppen allerdings geschlagen und 1793 wird Ludwig XVI. schließlich hingerichtet. Ein neuer Abschnitt der Weltgeschichte – so schreibt es selbst der große Goethe – hat an diesem Tag begonnen.

So absurd es klingt: Die Revolution wird am meisten von den Revolutionären bedroht. Jean-Paul Marat, ein Jakobiner und begnadeter Redner, hetzt gegen die Girondisten. Diese lassen ihn durch eine Frau ermorden – schon einmal ein selbst ernannter Führer weniger. Es folgt Robespierre, ein ehemaliger Rechtsanwalt, der Vorsitzender des so genannten „Wohlfahrtsausschusses“ – der eigentlichen Regierung – wird und zunächst einmal die ehemalige Königin Marie Antoinette unter die Guillotine legen lässt. Anschließend lässt er unter dem Beifall des aufgehetzten Pöbels Hunderte von Aristokraten enthaupten und zettelt einen Feldzug gegen die Kirche an. Dies wiederum führt auf dem Land zu einem blutigen Aufstand, der rund einer halben Million Menschen das Leben kostet. Damit nicht genug: Robespierre spielt eine der radikalen Parteien gegen die andere aus, provoziert eine Anklage gegen seinen gemäßigten Konkurrenten um die Macht, Georges Danton, lässt diesen ebenfalls enthaupten („Zeigt meinen Kopf der Menge. Er ist es wert.“) und stellt die Pariser mittels etlicher Gesetze praktisch unter Hausarrest.

Das Ende vom Lied

Schlussendlich jedoch wird auch Robespierre selbst ein Opfer der Revolution: Seine immer zahlreicher werdenden Gegner schließen sich zusammen und verurteilen ihn zum Tode. Am 27. Juli 1794 stirbt auch er unter dem Fallbeil der Guillotine.

Vorsicht!
Bildungshäppchen

„Dantons Tod“ von Georg Büchner

Das sagt der Literaturkritiker: Eine tragische Hymne an Lebenslust und Savoir-vivre – gnadenlos in nihilistischen Scharmützeln von Büchner aufgelöst. Revolutionsepos, in dem die zynische Absurdität der Tugendhaftigkeit auf sarkastische Art parodiert wird.
Was das bedeutet? Danton ist ein netter Lebemann, Robespierre ein verbiesterter Asket. Dass Robespierre Danton mittels Guillotine ins Jenseits befördern lässt, ist zwar gemein, aber durchaus absehbar.

Napoleon und das neue Europa

Ganz allmählich weichen die Wirren der Revolution einem „normalen" Alltag. Der Nationalkonvent wird nun wieder vom gebildeten Großbürgertum für sich reklamiert und eingespannt, sinnvolle Gesetze werden erlassen und die von Robespierre außer Kraft gesetzten Menschenrechte wieder etabliert. Die Pressefreiheit wird wieder hergestellt, Religion wieder zugelassen, Ministerien werden eingerichtet und eine Verfassung wird verabschiedet, die sich am amerikanischen Modell orientiert. Dies jedoch provoziert einen Aufstand, mit dessen Niederschlagung ein junger Offizier aus Korsika beauftragt wird. Sein Name: Napoleone Buonaparte.

Von Korsika in den Rest der Welt: Napoleon Bonaparte

Er ist ein kleiner Mann (nur etwa 1,55 Meter), und wie viele kleine Männer leidet er unter diesem Manko und kompensiert es durch besonderen Ehrgeiz. Geboren im Jahre 1769 auf der Mittelmeerinsel Korsika, wird Napoleon Bonaparte – so sein französierter Name – im Jahre 1785 Artillerieleutnant in der französischen Armee und bringt es in einer steilen Karriere bis 1794 bis zum Brigadegeneral. 1796 wird er Oberbefehlshaber der französischen Truppen in Italien, führt 1798 den französischen Feldzug nach Ägypten an und avanciert zum populärsten Militär seiner Heimat. Der „unbesiegbare Stratege" übernimmt 1799 mittels eines Putsches die Macht im von den Revolutionswirren arg gebeutelten Frankreich. Er lässt sich zum Konsul ausrufen, 1802 sogar zum Konsul auf Lebenszeit.

1804 hat die Revolution für Napoleon endgültig ausgedient. Er lässt sich zum Kaiser krönen, führt gewaltige Eroberungskriege gegen England, Russland und Österreich und schlägt 1807 sogar das für unbezwingbar gehaltene preußische Heer in der Doppelschlacht von Jena und Auerstedt. Erst 1812 scheitert er in Russland: Der Vormarsch seiner Armee auf Moskau wird auf Grund schlecht organisierter Nachschublini-

en gestoppt (unter anderem hatte man vergessen, Pferdefutter in ausreichender Menge mitzuführen). Zwar beruft sich Napoleon selbst auf den frühen Wintereinbruch und die erbarmungslose Kälte, die seinen Feldzug behindert hätten, doch moderne Historiker entlarven dies als Ausrede.
Er dankt ab (1814) und zieht sich auf die Mittelmeerinsel Elba zurück. Dort hält es ihn jedoch nicht lange: Er startet bereits 1815 einen Comeback-Versuch, übernimmt für 100 Tage wieder die Führung der „Grande Nation“ – und scheitert gewaltig. Unweit des belgischen Örtchens Waterloo unterliegt sein Heer der Übermacht aus Engländern, Russen und Preußen. Napoleon wird auf die Insel Sankt Helena verbannt, auf der er 1840 stirbt.

Vorsicht!
Bildungshäppchen

„Aida“ von Giuseppe Verdi
Zu jener Zeit wirkt in Italien Verdi, nicht nur ein großer Komponist sondern auch ein moralisch integrer Streiter für die Freiheit seines italienischen Vaterlandes. In seiner Oper malt er in symbolträchtigen Zyklen einen Reigen menschlicher Konflikte, der die Tragik einer ins Absolutistische abgleitenden nationalen Idee farben- und stimmgewaltig offenbart.
Was das bedeutet? Ägyptischer Kriegerhäuptling liebt Sklavin. Diese ist zwar adlig, aber durch Heimatliebe erpressbar und wird angestiftet, ihn auszuspionieren. Die Folge: Er hat sich aushorchen lassen und wird hingerichtet (wegen Unvorsichtigkeit – man beachte) und sie meuchelt sich selbst (Schuldbewusstsein – schon klar). Übrigens: „Aida“ war eine Auftragsarbeit zur Eröffnung des Suez-Kanals und Verdi war eigentlich nur zweite Wahl. Erst hatte man schon über Richard Wagner nachgedacht ...

Das neue Europa

Was jedoch hat Napoleon erreicht? Nun, er hat – mehr als jeder andere Staatsmann vor und nach ihm – Europa gründlich verändert. Sein militärisches Genie ist unbestritten und seine Verdienste um Frankreich auch. Er gab der in sich noch immer zerrissenen Nation eine neue Identität, das Gefühl von Einigkeit und Größe, und seine Eroberungsfeldzüge nach Deutschland und Österreich hinein hinterlassen bleibenden Eindruck. Denn Napoleon begnügt sich nicht mit der Besetzung der eroberten Gebiete. Er lässt überall eine sinnvolle Ordnung einrichten, beendet im Westen Deutschlands die Kleinstaaterei, setzt die Fürsten ab und initiiert eine gewaltige Gebietsreform. Außerdem führt Napoleon eine neue, gerechtere Art der Rechtsprechung ein, eine höchst effiziente Verwaltung und auch der Handel wird grundlegend neu strukturiert. Er lässt die geistliche Vorherrschaft beenden, schafft einen „Rheinbund", der sich mehr oder weniger freiwillig unter seinen Schutz stellt, und ihm gelingt, was Jahrhunderte lang vergeblich versucht worden war: Franz I. von Österreich erklärt das Heilige Römische Reich deutscher Nation für beendet (1806). Somit hatte die Französische Revolution in Gestalt des kleinen Korsen auch den Rest Mitteleuropas endgültig aus den Klauen der mittelalterlichen Hierarchie befreit.
Undank ist jedoch der Welten Lohn und Napoleon wird seiner Siege nie recht froh. Der eigenwillige Korse hat zwar kurzfristig ein Weltreich gezimmert, doch Preußen, England, Österreich und Russland im Verbund sind nicht gewillt, sich dies gefallen zu lassen. Als seine Armee bei Waterloo von Engländern und Preußen vernichtend geschlagen und er selbst auf Sankt Helena im Südatlantik verbannt wird, hat Napoleon, der übrigens unter ständigen Magenbeschwerden (Gastritis wird vermutet) litt und deshalb stets die wärmende Hand am Bauch hatte, nun genügend Muße, über verpasste Chancen und Großmannssucht nachzudenken.

Vorsicht!
Bildungshäppchen

„Krieg und Frieden“ von Leo Tolstoi
Ein Buch, das man immer irgendwo einflechten kann, etwa so: In epischer Breite entwirft Tolstoi ein generationenübergreifendes Sittengemälde der russischen Seele und ihrer Zerissenheit angesichts einer lange währenden existenziellen Bedrohung von außerhalb.
Was bedeutet das? Die Russen leiden mal wieder, weil Napoleon sie nicht in Ruhe lassen will. Und als sie ihn dann endlich rausgeschmissen haben, leiden sie noch immer. Eigentlich leiden sie die ganze Zeit, aber zwischendurch ist zuweilen auch noch Platz für ein bisschen Action.

Aufschwung der Wissenschaften

Das 19. Jahrhundert gilt rückblickend auch als eine Epoche des wissenschaftlichen Aufbruchs. In Europa machen sich Männer – und erstmals auch Frauen – daran, durch systematische Forschung und die Veröffentlichung der Resultate althergebrachte Denkstrukturen umzuwerfen und die Naturwissenschaften neu zu definieren. Dies hat nicht nur Auswirkungen auf die Bildung des Bürgertums, sondern auch eine weitere Schwächung der Kirche zur Folge: Adam und Eva werden in Frage gestellt und Krankheiten müssen nicht mehr als gottgegeben hingenommen werden. Zu verdanken ist dieser Fortschritt unter anderem den folgenden Menschen:

Charles Robert Darwin

Gerne wird heute gesagt, Darwin habe behauptet, der Mensch stamme vom Affen ab. Tatsache ist, dass Darwin eine derart verkürzte und falsche Zusammenfassung seiner Forschungen die Zornesröte ins Gesicht getrieben hätte. Der im Jahre 1809 geborene Naturforscher begründete vielmehr die so genannte Evolutionstheorie, nach der der Mensch ein Glied einer biologischen Entwicklungskette ist und damit eigentlich keine Sonderstellung innehat. Entscheidend für die Entwicklung der Arten sei – so Darwin – schlicht ihre Fähigkeit, sich veränderten Lebensbedingungen anzupassen, und dies sei dem Mensch eben am besten gelungen. Affe und Mensch seien beide Glieder in dieser Kette und der Mensch habe sich von einer urtümlichen Affenart bis zu seiner heutigen Form entwickelt. Mit dieser Theorie stellte sich Darwin natürlich auch gegen die kirchlichen Lehren und gilt in manchen Gegenden der Welt bis zum heutigen Tag als Ketzer, der die Schöpfungsgeschichte verleugnet. Bis vor einigen Jahren durften seine Theorien in einigen amerikanischen Staaten nicht an öffentlichen Schulen vermittelt werden. Darwin stirbt 1882 und hinterlässt einen gewaltigen Fundus an Erkenntnissen, von denen die Evolutionstheorie nur eine unter vielen ist.

Robert Koch

Gestützt auf die Forschungsergebnisse des französischen Biologen Louis Pasteur läutete der deutsche Mediziner Robert Koch das Zeitalter der Bakteriologie ein. Pasteur (1822-1895) hatte die Forschung davon überzeugt, dass Kleinstlebewesen – so genannte Mikroorganismen – Krankheiten hervorrufen können. Er gab ihnen den Namen „Bakterien“. Gestützt auf diese Erkenntnisse forschte Koch (1843-1910) nun gezielt nach Krankheitserregern und wurde fündig: Er entdeckte die Ursachen für Milzbrand und Cholera und trug entscheidend dazu bei, dass diese beiden Seuchen in großen Teilen der Welt erfolgreich bekämpft und fast ausgerottet werden konnten. 1905 erhielt Koch für seine Forschungen den Nobelpreis für Medizin.

Marie Curie

Die berühmteste Wissenschaftlerin aller Zeiten wird von den Franzosen gerne als eine der ihren betrachtet. Doch eigentlich stammt Marie Curie (geb. 1867) aus Polen. Die Chemikerin begründet ihren Ruf, indem sie 1898 aus dem Material Pechblende das „Polonium“ isoliert und nachweist. Noch berühmter wird sie allerdings, als es ihr – zusammen mit ihrem Mann, dem ebenfalls genialen Physiker Pierre Curie – gelingt, das Element „Radium“ zu bestimmen und zu isolieren. 1903 erhält sie dafür zusammen mit ihrem Ehemann den Nobelpreis für Physik und 1911 erscheint sie erneut vor dem Nobelpreiskomitee in Stockholm: Diesmal hat sie sich die Auszeichnung für die Gewinnung reinen Radiums aus Radiumsalzen sowie durch die Bestimmung der Eigenschaften des Metalls verdient. Bis zu ihrem Tod im Jahre 1934 untersucht sie fortan die Strahlung des Urans und ihre Auswirkungen auf die Materie. Ohne die Curies wären weder die Atombombe noch der Röntgenapparat vorstellbar gewesen.

Atome umschwirren mich…

Der Wiener Kongress

Napoleons Gegner formieren sich zum neuen Europa. Auf dem Wiener Kongress (1814/1815) wird unter der Leitung des ebenso genialen wie konservativen österreichischen Kanzlers Metternich eine neue Ordnung propagiert. Preußen, Österreich und Russland schmieden eine „Heilige Allianz" und versuchen, in die Ära vor der Französischen Revolution zurückzurudern. Nationalistische und demokratische Bestrebungen sollen unterdrückt werden – als Nachfolgeorganisation des Heiligen Römischen Reiches deutscher Nation wird der „Deutsche Bund" gegründet.

Dieser besteht aus 39 selbstständigen Einzelstaaten und hat zwei unabhängige Großmächte: zum einen natürlich Preußen, das sämtliche von Napoleon annektierten und vermeintlich unabhängigen Gebiete wieder zurückbekommt, zum anderen die so genannte „K.u.K.-Monarchie" (kaiserlich und königlich) Österreich-Ungarn. Die Österreicher hatten ein profundes Interesse daran, dass kein einiges Deutschland zu Stande kam – die Deutschen selbst sahen sich zu einem Zusammenschluss auf Grund ihrer inneren Zerrissenheit und der Angst vor einer preußischen Dominanz außer Stande.

Doch im intellektuellen Untergrund gärt es. 1848 kommt es zur „Revolution in der Paulskirche". Dort – in Frankfurt – versammeln sich Professoren und Studenten aus allen deutschen Einzelstaaten und reklamieren ein nationales Bewusstsein. Ein erstes gesamtdeutsches Parlament wird gewählt, das die deutsche „Nationalversammlung" eröffnet.

Ein netter Versuch, aber diese zunächst völlig unblutige Revolution ist von vornherein zum Scheitern verurteilt. Erstens wird sie ausschließlich von Akademikern durchgeführt und spätestens seit den Ereignissen in Frankreich von 1789 weiß man, dass das Volk zumindest gefragt sein will. Der amtierende preußische König, Friedrich Wilhelm IV., muss nicht viel mehr tun, als zuzusehen, wie sich die Debatten über theoretische Fragen häufen, wie sich die Herren Professoren über Kleinigkeiten streiten und wie aus der vermeintlichen Umwälzung flugs ein „Revolutiönchen" wird, das kaum einen interessiert.

Die obligatorischen Bauernaufstände werden blutig niedergeworfen, die Landjunker bekommen noch mehr Macht und Einfluss als bisher und 1749 wird eine Reichsverfassung verabschiedet, die den eigentlichen Zielen der Revolution vollständig zuwiderläuft. An der Spitze der Regierung steht ein Kaiser, der seinen Titel vererben kann, die Einzelstaaten bekommen ein „Staatenhaus“ (eine Art Bundesrat) und das Parlament trägt den Titel „Volkshaus“. Das Volk jedoch wird darin nicht repräsentiert – lediglich Adel und Geldadel sind dort vertreten. Ähnliches praktiziert Preußen, das sich praktisch wieder in eine Drei-Klassen-Gesellschaft aufsplittert.
Die Demokratisierung der Gesellschaft und die Einigung Deutschlands auf dem üblichen Weg – dem Weg von unten nach oben – sind also gründlich in die Hose gegangen. Allerdings bleibt vor allem für den preußischen Adel die deutsche Einheit durchaus ein Thema – wenn auch ein Anliegen, das im geheimen Kämmerlein besprochen wird. Und diese Einigung – da waren sich der König und seine Berater einig – muss unbedingt ohne das Volk betrieben werden. Es schlägt die Stunde des Otto von Bismarck – doch zu diesem Staatsmann kommen wir ein wenig später.

Literarische Blütezeit

Bevor wir uns nämlich diesem großen Politiker widmen, wollen wir einen Blick auf ein paar andere wichtige Zeitgenossen dieser Epoche werfen.

Friedrich Schiller

Es wird ein ewiger Streit darüber herrschen, ob Friedrich Schiller tatsächlich im Schatten des Johann Wolfgang von Goethe steht oder ob die beiden als gleichrangig anzusiedeln sind. Fest steht, dass der zehn Jahre jüngere Schiller (geb. 1759) zugleich Bewunderer, Freund und Rivale des Dichters, Denkers und Staatsmannes Goethe war. Beide gelten als herausragende Interpreten der Literaturepoche, die sich „Sturm und Drang" nennt, beide haben jedoch auch die Epoche der Klassik entscheidend mitgeprägt. Schiller, der sich in einem Brief an den Gelehrten Wilhelm von Humboldt als „Zeitgenosse des Sophokles" bezeichnet und damit seine Bewunderung für die klassischen Werke der Antike offenbart, macht zum ersten Mal 1781 nachhaltigen Eindruck. In diesem Jahr wird sein Bühnenstück „Die Räuber" uraufgeführt und zwei Jahre später gehört er mit „Kabale und Liebe" endgültig zu den ganz Großen der Dichtkunst. Inspiriert und beeinflusst von Goethe erscheint „Das Lied von der Glocke", während das dichterische Epos „Der Handschuh" eher als Konkurrenz zum Weimarer Dichterfürsten verstanden wird. Daher auch der Ausspruch: „Schillers Handschuh passt nicht auf Goethes Faust". Zu seinen bekanntesten klassischen Werken, bei denen er sich an die Dramenregeln der griechischen Antike hält, gehören „Maria Stuart", „Wallenstein" und „Die Jungfrau von Orleans". Als größtes seiner Bühnenstücke jedoch wird sein Spätwerk „Wilhelm Tell" bezeichnet. Die Kunstfigur des Tell übernimmt Schiller vom Schweizer Dramatiker Aegidius Tschudi, der sich wiederum auf einen gewissen Rudolf Stauffacher als Vorbild beruft. Dieser habe um 1290 dem auf dem Marktplatz aufgestellten Hut eines Landadligen nicht die gebotene Ehrerweisung angedeihen lassen wollen, habe stattdessen den betreffenden Landvogt Konrad von Tillendorf erschlagen und sei daraufhin hingerichtet worden. Den Schweizern ist's egal: Tell ist bei den Eidgenossen mittlerweile – dank Schiller – eine historische Figur. Schiller stirbt ein Jahr nach der Uraufführung des „Tell" im Jahre 1805.

Johann Wolfgang von Goethe

Kein anderer deutscher Dichter hat die Gemüter so bewegt, wie der 1749 in Frankfurt am Main geborene Johann Wolfgang von Goethe. Der studierte Jurist beginnt seine literarische Laufbahn mit dem Sturm-und-Drang-Roman „Die Leiden des jungen Werther". Sein wohl berühmtestes Werk jedoch ist der „Faust", in dem er den ewigen Wettstreit zwischen Gut und Böse und die Schwäche des Menschen gegenüber der Versuchung zum Thema macht. Kein Theaterstück wurde und wird bis zum heutigen Tag häufiger aufgeführt – kein Text in Deutschland häufiger von Schülern und Studenten gelesen und analysiert. Weitere bekannte Werke sind „Götz von Berlichingen", „Wilhelm Meisters Lehrjahre", „Iphigenie auf Tauris" und „Die Wahlverwandtschaften", um nur einige zu nennen. Mit seinem ebenfalls berühmten Dichterkollegen Friedrich Schiller verbindet ihn mal Freundschaft, mal Rivalität. Seit 1776 ist Goethe in Weimar im Staatsdienst und versucht sich auch als Politiker. Der geschickte Diplomat und begnadete Rhetoriker verstrickt sich des Öfteren aber auch in amouröse Abenteuer, die sein Leben stets am Rande des Skandals entlang schlittern lassen. 1782 wird Goethe geadelt. Er stirbt im Jahre 1832. Seine letzten Worte? „Mehr Licht".

Vorsicht!
(Mehrere) Bildungshäppchen

Die Lebensläufe haben wir Ihnen gerade schon serviert – nun noch zwei durchaus diskutierbare Interpretationen zu den Werken des großen Meisters himself:

■ „Die Leiden des jungen Werther“ von Johann Wolfgang von Goethe

Der Bildungsbürger erzählt uns dazu Folgendes: Geprägt von der Aufbruchsstimmung des Sturm und Drang vermittelt Goethe die Faszination des menschlichen Leidens, das sich ganz und gar im Einklang mit den natürlichen Obsessionen der Seele befindet und daran zerbricht. Was bedeutet das? Werther ist ein liebeskranker Jammerlappen, der ständig nur an die eine denkt und sich schließlich die Kugel gibt. Sehr dramatisch, sehr rührselig. Am Ende seines Lebens war der „Werther“ Goethe selbst ziemlich peinlich.

■ „Faust“ von Johann Wolfgang von Goethe

Das lernen wir in der Schule: Goethe symbolisiert mit der Figur des Mephisto die zutiefst menschliche Schwäche der Verführbarkeit. Sein unzufriedener Titelheld will die Grenzen seines vermeintlich unbefriedigenden Daseins mit dämonischer Hilfe ausloten und wird dabei schließlich schmerzvoll an die Unwägbarkeiten der menschlichen Wesensart geführt. Die Frau im Stück – Gretchen – findet sich in der Opferrolle und steht gleichsam für die Bestrafung der männlichen Gier.

Was das bedeutet? Faust ist Akademiker, empfindet einen Karriereknick und lässt sich vom Abgesandten des Teufels ein bisschen unter die Arme greifen. Dass er dadurch auch noch in Gretchens Bett kommt, ist eine Zugabe – dass Mephisto ein zynischer Geselle ist, ist eine Selbstverständlichkeit.

Schillers „Räuber“, den „Wilhelm Tell“ oder Lessings „Nathan der Weise“ – wer will's heute noch wissen?

Otto von Bismarck und die Reichsgründung

Der Mann mit dem buschigen Schnurrbart gilt noch heute als Inkarnation des „Staatsmannes“ schlechthin. Geboren im Jahre 1815, wird der Landadelige im Jahr 1847 preußischer Landtagsabgeordneter und avanciert 1859 zum deutschen Botschafter in St. Petersburg. 1862 wird er Botschafter in Paris und noch im gleichen Jahr zum preußischen Ministerpräsidenten und Außenminister ernannt. Von 1871 bis 1890 fungiert er dann als Kanzler des Deutschen Reichs und macht sich vor allem mit seinem Sozialistengesetz (1878) einen Namen als Feindbild der Linken.
Im Krieg gegen Frankreich (1870/71) erwirbt er sich einen zweischneidigen Ruf: Einerseits gilt er seitdem als genialer Taktiker, andererseits auch als intriganter und machtbesessener Polithasardeur. Bismarck wird damals oft und gerne als „Lotse“ des Deutschen Reichs bezeichnet und als Baumeister der deutschen Einheit. Mit seinem Abschied im Jahr 1890 zerfallen allerdings die Bündnisse, die er mit Österreich und Italien (Dreibund) geschlossen hatte.
Bismarck betreibt den Weg zur Einigung Deutschlands ebenso geschickt wie rücksichtslos. Zunächst verbündet er sich 1863 mit den Österreichern gegen Dänemark und nimmt diesem den dänischen Teil Schleswig-Holsteins ab. Anschließend zettelt er gegen den bisherigen Verbündeten Österreich ebenfalls ein Krieg an, gewinnt diesen 1866 in der Schlacht bei Königgrätz und schnappt sich die bislang von Österreich kontrollierten norddeutschen Kleinstaaten wie Hannover, Hessen und den Großraum Frankfurt. Damit schert er aus dem Deutschen Bund aus und gründet unter preußischer Führung einen Norddeutschen Bund – eine Art Vorläufer des heutigen Deutschland.
Dieses neue Staatengebilde muss noch gefestigt werden und wie ließe sich das besser bewerkstelligen als mit einem erfolgreichen Brief? Indem er ein Schreiben des französischen Kaisers Napoleon III. an den preußischen König Wilhelm I. so umformuliert, kürzt und veröffentlicht, dass es wie eine unge-

heure Provokation wirkt (die so genannte „Emser Depesche"), bricht er mit dem Nachbarstaat einen Krieg vom Zaun (1870/71). Die süddeutschen Staaten schließen sich dem Norddeutschen Bund gegen den „alten Feind Frankreich" an und gemeinsam wird das französische Heer bei Sedan und Metz vernichtend geschlagen. Paris kapituliert, Napoleon III., der sich zum Kaiser hatte krönen lassen und damit das Machtvakuum in Frankreich nach dem Ende seines Namensvetters Napoleon Bonaparte ausgefüllt hatte, dankt ab und Frankreich wird erneut zur Republik.

Deutschland geht nur scheinbar einen ähnlichen Weg. Zwar ist die Einheit endlich erreicht, doch schmiedet Bismarck einen Obrigkeitsstaat, der nicht nur entsetzlich reaktionär ist, sondern auch allen weltweiten demokratischen Strömungen zuwiderläuft. Wilhelm I. wird zum Deutschen Kaiser gekrönt, der Reichskanzler (natürlich Bismarck) ist nur ihm verantwortlich und das Parlament ist de facto zum einflusslosen Debattierklub verkommen.

Zwar bilden sich Parteien, aber da diese ohnehin nichts zu sagen haben, sind sie eher mit sich selbst als mit grundlegenden politischen Fragen beschäftigt. Wieder einmal hinkt Deutschland in Sachen politischer Ethik um Meilen hinterher. Als Bismarck dann auch noch die Sozialistengesetze erlässt und die aufkommenden Arbeiterparteien (SPD) verfolgen und verbieten lässt, ist es in Deutschland wieder beinahe so dunkel wie im finsteren Mittelalter.

Abraham Lincoln

Während Deutschland sich auf Kosten der Demokratie einigt, geht fern im Westen auch ein anderes Land den dornigen Pfad der Selbstfindung. Mit der Wahl von Abraham Lincoln, bricht über den großen Teich 1861 der amerikanische Bürgerkrieg (Civil War) aus.

1861 zum Präsidenten der Vereinigten Staaten gewählt, ist Lincoln ein entschiedener Gegner der Sklaverei. Sein Gesetz zur Abschaffung der Sklavenhaltung führt zur Abspaltung von elf Bundesstaaten des Südens und zum amerikanischen Bür-

gerkrieg. Den gewinnt zwar der Norden, doch Lincoln erlebt dies nicht mehr mit. Er wird am 15. April 1865 von einem Schauspieler namens John Wilkes Booth heimtückisch erschossen. Eines seiner berühmtesten Zitate: „So wie ich kein Sklave sein will, will ich kein Herr sein. Das ist meine Auffassung von Demokratie.“
Der Norden gewinnt 1865 diesen verlustreichen Krieg – die Sklaverei ist damit offiziell abgeschafft. Doch hat dieser Krieg des industriellen Nordens gegen den landwirtschaftlich orientierten, konservativen Süden tiefe Wunden gerissen, die bis ins Amerika des 20. Jahrhunderts hinein spürbar sind.

Das Deutsche Reich

Was Bismarck mit der deutschen Einigung erreicht, ist durchaus beachtlich. Endlich müssen die verschiedenen Kleinstaaten zusammenarbeiten, endlich gibt es eine einheitliche Rechtsprechung, ein einheitliches Währungssystem und ein einheitliches Verkehrswesen. Die Eisenbahn erschließt auch die Randgebiete des Deutschen Reichs – Handel und Industrie befinden sich in einem bis dato nie erlebten wirtschaftlichen Aufschwung. Binnen weniger Jahre wird das geeinte Deutschland zum größten Machtfaktor in Europa.

Der Nachteil: Das Kunstgebilde, das zwar äußerlich geeint erscheint, aber innerlich noch lange nicht zur Nation zusammengewachsen ist, braucht für die eigene Stabilität einen Feind. Als solchen wählt Bismarck Frankreich, das von ihm systematisch isoliert wird – ein Fehler, der sich später rächen soll. Zum anderen – und dies ist vielleicht der Kernpunkt der deutschen Tragödie – geht es der jungen Nation wie es jedem normalen Halbstarken geht, der zu viel überschüssige Energie auszuleben hat: Deutschland wird größenwahnsinnig.
Ob Bismarck diesen aufkommenden Irrsinn gefördert oder unterbunden hätte, wird nie zweifelsfrei zu belegen sein. 1888 nämlich stirbt König Wilhelm I., sein Nachfolger Friedrich III. folgt ihm noch im selben Jahr unter die Erde und der junge Wilhelm II. wird Deutscher Kaiser. Dieser entlässt Bismarck,

den er für viel zu einflussreich und außerdem für mittlerweile überflüssig hält.
Wilhelm II. ist eine Katastrophe für das Land. Prahlerisch, dummdreist und besessen von allem Militärischen führt er Bismarcks Aufrüstungskurs bis zum Exzess. Das deutsche Heer ist mit Abstand das größte und schlagkräftigste Europas, die deutsche Marine des Kaisers ganzer Stolz. Der Ton in Deutschland wird zunehmend militärischer – der Drill der Kasernen wird in die Amtsstuben und die Klassenzimmer übertragen. Der Pickelhauben- und Schnurrbartträger gilt als Inkarnation der deutschen Tugenden.
Viel schlimmer wiegt jedoch, dass Wilhelm II. mit seiner Politik die Angst ausgerechnet bei jenen schürt, die Bismarck noch als Verbündete gewonnen hatte. Russland schließt ein Abkommen mit Frankreich und dieses wiederum nähert sich England an. Das Resultat? Zwei waffenstarrende Blöcke stehen sich gegenüber: Deutschland im Verbund mit Österreich-Ungarn auf der einen – Russland, England und Frankreich auf der anderen Seite. Kommt Ihnen diese Konstellation aus dem Gesichtsunterricht vertraut vor? Richtig: Der Erste Weltkrieg ist nicht mehr fern.

Achtung!

Das 20. Jahrhundert im schnellen Suchlauf

Eigentlich könnten wir's jetzt gut sein lassen. Die wichtigsten Details der Geschichte haben wir in aller Kürze ins Bewusstsein zurückgeholt, Sie haben nun genügend Stoff, um jederzeit einige Brocken einfließen zu lassen und alles in allem könnte man mit dem bisherigen Verlauf – zumindest in Deutschland und der näheren Umgebung – auch ganz zufrieden sein. Das Land wird nach preußischen Maßstäben regiert, steht vergleichsweise stabil, es herrscht ein akzeptabler Wohlstand für einen akzeptabel großen Teil der Bevölkerung – nie ging es Zentraleuropa besser.

In Österreich-Ungarn, England, Russland, Frankreich und Italien herrschen ebenfalls mehr oder weniger geordnete Verhältnisse und dank der zahlreichen Kolonien können auch Nationen wie Spanien und Portugal noch aus dem Vollen schöpfen. Jeder logisch denkende Mensch muss sich also jetzt die Frage stellen, warum zwei Kriege entfesselt wurden, die ganz Europa veränderten. Kriege, deren Ausmaß, deren Rücksichtslosigkeit und deren Zerstörungskraft alles bisher Dagewesene in den Schatten stellen. Kriege, die weder logisch noch auch nur emotional nachvollziehbar sind, Kriege, die aus dem friedlichen, geordneten, einigermaßen aufgeklärten Europa innerhalb von knapp 50 Jahren eine Trümmerwüste machen.

In diesem Zusammenhang gilt es zunächst mit einer Legende aufzuräumen. Noch heute behaupten einige wenige Historiker, Deutschland trage keine Schuld am Ersten Weltkrieg. Das ist barer Unsinn. Es waren der Deutsche Kaiser und seine Berater, die diesen Krieg wollten, ihn systematisch vorbereitet und herbeigesehnt hatten. Und es war das Deutsche Reich, das Österreich-Ungarn in diesen Krieg trieb, ja geradezu hineinzwang. Die Gründe: Deutschland hatte in den vergangenen Jahren und Jahrzehnten rasant an Bedeutung gewonnen. Aus dem „Flickerlteppich" der Kleinstaaterei war unter Bismarcks rücksichtsloser und höchst effektiver Politik der Einheit ein starkes Preußen hervorgegangen, das sich nach und nach zur stärksten Militärmacht der Welt entwickelt. Kaiser Wilhelm II. und seine Vorliebe für alles Militärische sorgen für eine boomende Rüstungsindustrie, die allerdings ab etwa 1913 zu lahmen beginnt.

Warum? Ganz einfach: Es fehlt an Möglichkeiten zur Auffüllung der Munitionslager, der Depots, der Werften. Deutschland starrt bereits vor Waffen, hat eine riesige Marine und eine überaus beeindruckende Infanterie, doch bislang keine Möglichkeit, von diesem Arsenal Gebrauch zu machen. Zynisch formuliert heißt also der erste Grund für den Ersten Weltkrieg: Deutschland will mit seinen Waffen spielen. Der zweite Grund ist psychologischer Natur. Zwar ist Deutschland nunmehr geeint – eine nationale Identität hat es jedoch noch lange nicht. Zu lange war das „Reich" ein Kunstgebilde ohne wirkliche Akzeptanz innerhalb der Bevölkerung. Der Preuße war in erster Linie Preuße und erst dann ein Deutscher und selbiges gilt für den Badenser, den Eifelbewohner oder den Westfalen. Die Zentralregierung wird zwar allseits als Erleichterung und Notwendigkeit empfunden, deshalb aber noch lange nicht geliebt.

Der Krieg dient also unter anderem auch dazu, die Deutschen in eine Art „Gemeinschaftserlebnis" zu führen, das sie mit einer inneren Einheit gegen einen äußeren Feind versehen soll. Irgendwie hat dies ja dann auch geklappt, wenn auch nicht so, wie die Verursacher sich das vorgestellt hatten. Der dritte Grund für die Entfesselung des Krieges ist ebenso einfach wie absurd: Unter Wilhelm II. wähnt sich die Führung des Deutschen Reichs unbesiegbar. Ausgestattet mit diesem Pseudowissen von der eigenen Herrlichkeit – eine Eigenschaft, die uns noch heute als teutonische Arroganz ausgelegt wird – erwacht natürlich der Expansionstrieb.

Welche Grenzen sind einem unbesiegbaren Volk gesetzt? Keine! So lautet die wilhelminische Logik und diese wird ab 1914 auch konsequent in die Tat umgesetzt.

Der Erste Weltkrieg

Auslöser: Am 28. Juni 1914 erschießt ein serbischer Nationalist namens Princip den österreichischen Thronfolger Franz Ferdinand und dessen Frau bei einem Besuch des Paares in Sarajevo. Am 23. Juli überreicht die österreichische Regierung den Serben ein unannehmbares Ultimatum zur Wiedergutmachung der Bluttat eines Einzelnen. Im Hintergrund wirken deutsche Diplomaten an dieser verkappten Kriegserklärung mit. Die Serben zögern einige Tage mit der Antwort – das genügt: Am 28. Juli 1914 erklärt Österreich Serbien den Krieg. Deutschland erklärt sofort – man hatte ja nur darauf gewartet – seine Bündnistreue zu Österreich und erklärt all jene zu Feinden, die sich diesem Feldzug nicht anschließen. Frankreich weigert sich, Russland ebenso: Diese beiden Nationen sind de facto also Feinde und werden in die Kriegserklärung gleich mit aufgenommen. Politik kann so einfach sein.
Verlauf: Den Krieg muss man sich in etwa folgendermaßen vorstellen: Die deutschen und die österreichisch-ungarischen Truppen sahen sich auf der einen Seite zunächst den Russen und auf der anderen Seite den Franzosen gegenüber. Dabei geriet der Einmarsch der Deutschen nach Frankreich zum grandiosen Flop: Zum einen marschieren die Truppen durch das neutrale Belgien, was wiederum die Engländer (die die Garantie für Belgiens Unversehrtheit und Neutralität übernommen hatten) in den Krieg hineinzieht. Flugs sind aus den ursprünglich zwei großen Gegnern plötzlich deren drei geworden.
Zum anderen bleibt der deutsche Vorstoß ohnehin im Schlamm der Ardennen stecken – die französische Verteidigungslinie hält und echte Raumgewinne gibt es in den folgenden vier Jahren nicht. Aber jede Menge Tote, denn die beiden Linien feuern bis 1918 praktisch aus allen Rohren aufeinander. Beim Kampf gegen die Russen ist die österreichisch-deutsche Allianz auch nicht viel erfolgreicher. Zwischen der Ostsee und den Karpaten entwickelt sich ein schier endloser Stellungskrieg, bis 1917 die Russische Revolution dem unsinnigen Treiben ein Ende macht. Der Krieg tobt aber nicht nur an diesen

beiden Fronten: In den afrikanischen Kolonien hauen sich die Deutschen mit Briten und Franzosen, im Balkan mit Rumänen, Italienern und Griechen (nur die Türken sind für Deutschland-Österreich, aber nur, weil sie unbedingt Krieg gegen die Russen führen wollen) und auf See muss man sich ab 1917 nicht nur der englischen Marine erwehren, sondern auch noch der Amerikaner, die ebenfalls in den Krieg eintreten, nachdem die deutsche U-Boot-Flotte einige ihrer Schiffe versenkt hat.
Das Ende: Nach einer gescheiterten deutschen Offensive vor Verdun brechen die Linien zusammen. Die britische Armee setzt Panzer ein – die deutsch-österreichischen Einheiten sind von der Auflösung bedroht. Zwar verkündet die deutsche Kriegspropaganda immer noch den „bevorstehenden Sieg", doch insgeheim wird schon verhandelt: Am 3. Oktober 1918 bittet Deutschland um einen Waffenstillstand – der Krieg ist beendet. Der Fehler: In Versailles soll Frieden geschlossen werden – in Versailles wird stattdessen die Basis für einen neuen Krieg gelegt. Der Friedensvertrag lässt Deutschland nicht einmal ein bisschen Stolz. Die festgelegten Reparationszahlungen waren so hoch, dass die deutsche Wirtschaft darunter jahrelang zu leiden hat, die deutschen Minderheiten in Polen und der Tschechoslowakei werden höchst feindlich eingestellten Regierungen überlassen, die deutsche Souveränität wird stark eingeschränkt und Österreich-Ungarn – die Habsburger Monarchie – wird so zerstückelt, dass auch dort neue Konfliktherde unausweichlich sind.
Kurzum: Der Versailler Vertrag wird in Deutschland als Schande betrachtet, so dass der Frieden hier zu Lande nicht etwa freudig begrüßt wird, sondern dazu führt, dass man sich die Zeiten des Wilhelminischen Kaiserreichs zurückwünscht. Der Irrtum: Schon wenige Tage nach Kriegsende hat sich einer der folgenschwersten Irrtümer ins Denken der Deutschen eingeschlichen: die so genannte „Dolchstoßlegende". Da die Propaganda bis zum Tage des Waffenstillstands ständig vom deutschen Sieg schwadroniert hatte, wurden die meisten Soldaten und Bürger vom unrühmlichen Ausgang der Kämpfe völlig überrascht. So entsteht die Legende, dass Juden und Kommunisten das deutsche Heer verraten und verkauft hätten – ein

Heer, das ansonsten unbesiegbar gewesen wäre. Genährt wird dieses Gerücht von der Tatsache, dass die in Weimar ausgerufene Republik zunächst ausgerechnet von den Sozialdemokraten dominiert wird – einer Partei, die damals dem Sozialismus nach sowjetischem Vorbild sehr nahe steht.

„Die Bolschewiken wollten an die Macht – deshalb haben sie die Nation verraten“ – so schlicht und so falsch lautet Volkes überwiegende Meinung. Die Wahrheit ist: Deutschlands Führung hatte die militärische Niederlage vor Augen und flüchtete sich in den Waffenstillstand, um einen Rest des Unbesiegbarkeitsnimbus' zu wahren.

Die Oktoberrevolution

An dieser Stelle schweifen wir kurz ab und wenden uns in Richtung Osten. 1917 steckt das zaristische Russland mitten in einem chaotischen Krieg mit Österreich-Ungarn und Deutschland. Die Fronten sind festgefahren, die Verluste riesig. Kein russischer Bürger will diesen Krieg und zwischen dem 8. und 14. März bricht in St. Petersburg eine Revolution aus. Diese wird zunächst von bürgerlichen Kräften gesteuert, denen es immerhin gelingt, Zar Nikolaus zum Abdanken zu bewegen. Ein gewisser Prinz Lwow bildet nun eine bürgerliche Regierung, die allerdings fest entschlossen ist, den Krieg weiter zu führen. „Blödsinn“, sagen die Linken, die sich mittlerweile in so genannten „Sowjets“ (russisch für „Räte“) zusammengeschlossen haben, und suchen nach einer Führungspersönlichkeit, um ihrerseits die Macht zu ergreifen. Fündig werden sie in der Schweiz, denn dort – im Exil – sitzt ein gewisser Lenin ...

Wladimir Iljitsch Uljanow – genannt Lenin

Eigentlich war Lenin (geb. 1870) nur der Deckname für den ehemaligen Revolutionär und späteren Staatsmann. Der Gegner des russischen Zarentums und überzeugte Marxist wird zunächst nach Sibirien verbannt und geht anschließend ins

Schweizer Exil. Dort entwickelt er sein Konzept einer revolutionären Kaderpartei und arbeitet an der konsequenten Weiterentwicklung der marxistischen Philosophie. Seit 1903 ist er bereits der Führer der bolschewistischen Partei und als solcher bereitet er maßgeblich die russische Oktoberrevolution von 1917 vor, mit der die Herrschaft der Zaren über Russland endet. Seit dem November 1917 ist er folgerichtig als Generalsekretär seiner Partei der unumstrittene Herrscher des Sowjetstaates, den er mit diktatorischer Machtfülle regiert. Kurz zuvor hat er sich durch seine berühmte Schrift „Diktatur des Proletariats“ eine Art Legitimation ausgestellt. 1922 wird Lenin offizieller Gründer des Staatenbundes UdSSR – zwei Jahre später stirbt er in seiner Datscha vor den Toren Moskaus. Noch heute ist sein einbalsamierter Leichnam im so genannten Lenin-Mausoleum am Roten Platz in Moskau zu besichtigen.

Nun ist es ein echter Treppenwitz der Weltgeschichte, dass ausgerechnet die Deutschen Lenin zur Machtübernahme verhelfen. Der deutschen Führung ist nämlich sehr daran gelegen, den russischen Kriegswillen zu untergraben. Von den Bolschewiken erwartet man in Berlin, dass sie das Ihrige dazu tun werden, und folgerichtig verschafft man ihnen die Führungspersönlichkeit, die sie noch brauchen: In einer Nacht-und-Nebel-Aktion wird der Revolutionär in einem hermetisch verschlossenen Eisenbahnwagon aus Zürich abgeholt, quer durch Deutschland gekarrt und auf eine Fähre nach Schweden gebracht. Von dort gelangt er mühelos nach Petrograd (früher St. Petersburg) – ein Weg, den er ohne deutsche Hilfe in diesen Tagen nicht geschafft hätte.

Somit legt also der Deutsche Kaiser den Grundstein für die Etablierung des Sowjetkommunismus. Ob er auch nur ahnte, was er da tat?

Die Lehren der Bolschewiken, wie sich die Kommunisten nennen, sind schlicht: Gleiches Recht für alle, gleiches Einkommen für alle, Politik von allen für alle. Dieses Ideal erledigt sich zwar blitzschnell – entspricht aber in etwa den Lehren eines Mannes, der ebenfalls ein Deutscher und Lenins Vorbild war: Karl Marx.

Karl Heinrich Marx

Sein Bild ziert noch Jahrzehnte nach seinem Tod die Amtsstuben sozialistischer Länder und ganze Generationen sind unter dem mächtigen weißen Rauschebart an der Wand des Klassenzimmers aufgezogen worden. Karl Marx, der Begründer des „Marxismus", wird 1818 in Trier geboren. 1836 tritt er dem soeben gegründeten Bund der Kommunisten bei, in dessen Auftrag er das berühmte „Kommunistische Manifest" verfasst. Darin prangert er unter anderem die katastrophalen Lebensbedingungen der Arbeiterklasse an und fordert eine gerechtere Verteilung der Reichtümer. 1849 muss er auf politischen Druck von Deutschland nach London emigrieren, wo er seine Hauptwerke verfasst: „Zur Kritik der politischen Ökonomie" und „Das Kapital". Beide Schriften gelten als theoretische Grundlagen für die Lehren des Sozialismus, wie sie ab 1917 beispielsweise Lenin in der Sowjetunion praktiziert. 1883 stirbt Karl Heinrich Marx. Kurz zuvor hat er noch die Gründung der Internationalen Arbeiterassoziation (1. Internationale) eingeleitet. Seiner festen Überzeugung nach sollte die Arbeiterklasse die Weltherrschaft erringen und nach dem Prinzip der grundsätzlichen Gleichheit leben und regieren.

Ob sich der gute Marx die Revolution der Arbeiterklasse so vorgestellt hätte, wie sie in Russland abläuft? Das darf mit Fug und Recht bezweifelt werden, denn statt der Herrschaft aller werden alle beherrscht. Lenin – Kultfigur, Integrator, Vordenker und Chef-Ideologe – gestaltet einen Obrigkeitsstaat, der sich zwar ein demokratisches Deckmäntelchen gibt, der aber statt von einer aristokratischen nun von einer revolutionären Clique beherrscht wird. Trotzki, Lenin und Stalin heißen die Architekten der Sowjetunion: Trotzki, genialer Kopf und begnadeter Rhetoriker, bastelt die Rote Armee, Lenin erschafft eine Art parlamentarische Demokratie, in der niemandem aufzufallen scheint, dass das Vorhandensein von nur einer Partei sämtlichen demokratischen Grundsätzen widerspricht … und Stalin? Stalin ist der große, unauffällige Stratege und Organisator im Hintergrund. Ein biederer, bäuerlicher, fast unscheinbarer Schnauzbartträger, der eine solche Gemütlichkeit ausstrahlt, dass man ihn gerne auch als „Väterchen“ tituliert. Hätte die Menschheit viele solcher „Väter“ ertragen müssen, dann gäbe es sie wohl nicht mehr …

Jossif Wissarionowitsch Stalin
Er ist der Gegenspieler Hitlers und gleichzeitig dessen grausiger Verbündeter im Geiste: Jossif W. Stalin. Der sowjetische Politiker wird 1879 geboren und wird von Lenin nach der russischen Oktoberrevolution im Jahre 1917 zum „Volkskommissar für die Nationalitätenpolitik“ ernannt. Der überzeugte Kommunist avanciert 1922 zum Generalsekretär der Kommunistischen Partei der Sowjetrepubliken (KPdSU) und gewinnt nach Lenins Tod im Jahr 1924 den Machtkampf mit seinem Rivalen Trotzki. Diesen schickt er 1929 zunächst ins Exil und lässt ihn 1940 in Mexiko sogar ermorden. Stalin interpretiert Lenins Ideen neu: Er schafft sich eine Machtfülle, wie sie einst nur der Zar besessen hatte, und schwört die Partei auf seine Linie ein. Zwischen 1933 und 1938 lässt er Tausende von politischen Gegnern (oder auch nur vermeintlichen Gegnern) in Straflager verbannen oder in Schauprozessen als „Vaterlandsverräter“ zum Tode verurteilen. 1939 schließt er den berüchtigten Nicht-Angriffs-Pakt mit Hitler, der die Aufteilung Polens zwischen der UdSSR und dem damaligen Deutschen Reich beinhaltet. Mit Ende des Zweiten Weltkriegs lässt sich Stalin als „Generalissimus“ bezeichnen und setzt seine blutige Innenpolitik fort. Vor allem seine „ethnischen Säuberungen“ in vielen Teilen des riesigen Sowjetreiches schlagen tiefe Wunden in das Selbstverständnis ganzer Völker. Stalin stirbt 1953. Seine unbarmherzige Politik wird fortan als „Stalinismus“ bezeichnet und gilt heute als Synonym für eine sozialistisch motivierte Tyrannei.

Die Weimarer Republik ...

... wurde am 9.11.1918 von einem Balkon im Goethe-Städtchen Weimar ausgerufen. Und zwar von einem gewissen Philipp Scheidemann , einem Sozialdemokraten. Kurz zuvor hatte der Kaiser – entmutigt und frustriert ob zahlreicher Aufstände, Streiks und Drohungen – abgedankt und war mit Sack und Pack ins Exil nach Holland verschwunden. Die Basis für die erste ordentliche Demokratie auf deutschem Boden ist also gelegt. Was, um Gottes willen, ging schief?
Gehen wir chronologisch vor: Scheidemann und seine Genossen von der lange verpönten SPD scharen zunächst alle Linken und alle Unzufriedenen um sich. Das klappt besser, als man vermuten könnte, denn kurz nach Kriegsende sind eigentlich so ziemlich alle unzufrieden. Ein erstes Parlament wird einberufen – die Weimarer Nationalversammlung. Diese tagt zunächst auch in Weimar, ab 1919 dann in Berlin.
Scheidemann, nicht gerade ein begnadeter Redner und mit dem Charisma einer Holzpuppe ausgestattet, weiß um seine eigenen Unzulänglichkeiten und macht seinen Parteikollegen Friedrich Ebert zum ersten Kanzler. Dies geschieht 1919 und da hat die junge deutsche Republik auch bereits eine Verfassung. Warum also funktioniert das Ganze mehr schlecht als recht?
Die Gründe sind simpel: Zum einen kann eine Demokratie ohne Demokraten nicht überleben. Die Sozialdemokraten sind sich uneins über ihr weiteres Vorgehen – viele wollen eine Räterepublik nach sowjetischem Muster, eine Vision, die von der Mehrheit der Deutschen eher gefürchtet als herbeigesehnt wird. Es kommt zur Spaltung der Linken – die Kommunisten fühlen sich von den zaudernden Sozis verraten und diese wiederum verbünden sich nun mit den Konservativen. Diese rekrutieren sich zum größten Teil aus Monarchisten, die eigentlich unbedingt den Kaiser zurückhaben wollen und die Demokratie für eine vorübergehende und ziemlich blöde Laune der Natur halten. Und dann gab es noch die Militärs, die sich ebenfalls zum Kaisertum bekannten, politisch zwar wenig mitgestalten wollten, aber stets an vorderster Front

dabei sind, wenn es darum geht, ein bisschen Unruhe zu stiften und ein paar Meuchelmorde zu begehen. Denn irgendwie muss sich so ein unverschuldet arbeitslos gewordener Berufssoldat ja schließlich auch beschäftigen …

Der andere Grund für das Scheitern der Weimarer Republik liegt in den Unzulänglichkeiten ihrer Verfassung begründet. Dem Staatspräsidenten werden viel zu viele Rechte zugestanden, und spätestens als der alte General, ehemals Oberbefehlshaber des kaiserlichen Heeres, Feldmarschall von Hindenburg zum selbigen ernannt wird, offenbart sich die Schwäche dieser Regelung, denn Hindenburg ist ein überzeugter Gegner der Demokratie und nutzt seine Befugnisse ziemlich schamlos aus, indem er Kanzler ernennt und entlässt, am Parlament vorbei entscheidet oder Gesetzesvorlagen einfach nicht akzeptiert.

Außerdem gibt es in der Nationalversammlung keine Fünf-Prozent-Hürde, wie wir sie heute kennen. Dies bedeutet, dass es im Parlament der jungen Republik von Klein- und Kleinstparteien nur so wimmelt und die Bildung vernünftiger, regierungsfähiger Koalitionen fast unmöglich ist. Hinzu kommt die schwere Weltwirtschaftskrise, die 1929 am so genannten „Schwarzen Freitag“ kulminiert: Die New Yorker Börse bricht zusammen, die Kurse fallen innerhalb weniger Stunden in den Keller – auf der ganzen Welt herrscht eine Rezession bisher unbekannter Größenordnung. Die Zahl der Arbeitslosen steigt dramatisch und im ohnehin noch kriegsgebeutelten Deutschland betrachtet man nun einen ehemaligen Gefreiten und Meldegänger des kaiserlichen Heeres plötzlich als Messias. Dass dieser Bärtchenträger aus dem österreichischen Braunau die Inkarnation des Bösen ist, will angeblich keiner gemerkt haben. Komisch – er hatte nie einen Hehl aus seinen Plänen gemacht. Aber die Deutschen jener Jahre sind bekannt für ihre kollektive Blindheit auf Kommando. Die Rede ist von Adolf Hitler …

Adolf Hitler

Es gibt kaum etwas, was über diesen Mann noch nicht geschrieben wurde, und deshalb beschränken wir uns an dieser Stelle auf die biografischen Daten und die Richtigstellung einiger weit verbreiteter Irrtümer. Hitler wird 1889 im österreichischen Braunau geboren. Er studiert in Wien mehr oder weniger erfolglos Kunstmalerei, dient im Ersten Weltkrieg als Gefreiter, ist ab 1921 Vorsitzender der Nationalsozialistischen Arbeiterpartei, kommt nach einem Putschversuch 1923 in Landsberger Festungshaft, schreibt dort sein Machwerk „Mein Kampf", wird 1933 durch Präsident Hindenburg zum Reichskanzler ernannt, entfesselt im September 1939 mit seinem Überfall auf Polen den Zweiten Weltkrieg und bringt sich 1945 nach der Niederlage gegen die Alliierten im Führerbunker des eingekesselten Berlin selbst um.

Irrtum Nr. 1: Hitler kam nicht durch einen „Putsch" an die Macht. Er wurde zum Reichskanzler ernannt und auch das Ermächtigungsgesetz, das ihm die Befugnis gab, ohne Zustimmung des Parlaments zu regieren, wurde von der Mehrheit eben dieses Parlaments gebilligt. Nur die SPD stimmte damals dagegen.
Irrtum Nr. 2: Hitler hat die Autobahnen nicht „erfunden". Schon 1920 gab es die Berliner „Automobil-Verkehrs- und Übungs-Straße", kurz: „Avus", die als erste Autobahn der Welt gilt. In den USA existierten schon die so genannten „Highways" und die Pläne für das deutsche Autobahnnetz waren ebenfalls schon 1927 vorgestellt worden.
Irrtum Nr. 3: Hitler ist im Zweiten Weltkrieg nicht an den Fehleinschätzungen unfähiger Militärs gescheitert. Von 1941 an war er nämlich alleiniger Oberbefehlshaber der deutschen Wehrmacht – die groteske Siegeszuversicht eines Wahnsinnigen hatte er ganz alleine zu verantworten.

Es gibt sicherlich weitere Fehleinschätzungen und unsinnige Interpretationen zum Dritten Reich. Fest steht, dass der Zweite Weltkrieg und der Holocaust, der systematische Massenmord an den Juden, auf Hitlers Ideen und Überzeugungen basierten, dass beides jedoch ohne das willfährige Zutun politischer und wirtschaftlicher Helfershelfer aus allen Schichten des deutschen Volkes (und so mancher „Gönner“ in aller Herren Länder) nicht möglich gewesen wäre. Auch wenn das manche nicht glauben wollen.

Das Dritte Reich

Eine kurze Abhandlung über das so genannte „Dritte Reich“ im Rahmen dieses Buches zu schreiben, ist fast unmöglich. Das grausige Phänomen Hitler, der Holocaust, der Zweite Weltkrieg, die Propagandamaschinerie, die Schergen und Henker, die SA und die SS, die willentlich Wahnsinnigen namens Himmler, Goebbels, Göring, Heydrich, Frank oder Heß – all dies ist Stoff für Hunderte von Büchern, Abhandlungen, Essays, Kommentaren und Diskussionen. Häufig hört man heute den Satz „Darüber ist doch nun schon wirklich alles gesagt“, doch ist dies Unsinn!
Alles, was damals vorfällt, alles, was damals mit Wissen und Billigung der Deutschen geschieht, alles, was Hitler, seine Helfer und der Irrsinn des Bösen bewirken – das alles kann nie mehr vollständig in Worte gefasst werden. Wenn es die Hölle auf Erden jemals gab, so sind es diese zwölf Jahre zwischen 1933 und 1945 – zwölf Jahre, die die Welt vollständig verändert haben und an denen die Deutschen – ob sie es wollen oder nicht – noch Jahrzehnte zu tragen haben werden. Man kann Geschichte verdrängen, man kann sie vielleicht leugnen, ignorieren und vielleicht kann man sie auch vergessen. Aber man kann sie nicht ungeschehen machen.
Die Entschuldigungen, die Wiedergutmachungen (sofern sie denn geleistet wurden), die Etablierung einer wirklichen Demokratie, das Eintreten für den Weltfrieden – all dies ist löblich, bringt aber die Toten nicht zurück. Fragen Sie den jüdischen Großvater – 1945 als Kind von den Amerikanern aus Auschwitz gerettet –, ob seine Seele Frieden mit den Deutschen gemacht hat. Oder anders: Wann würden Sie vergeben, wenn Ihre Frau oder Ihr Mann, Ihre drei, vier Kinder,

Ihre Eltern und Ihre Geschwister von seelenlosen Metzgern in industriellen Hochleistungsöfen sehenden Auges und lachenden Mundes zu kleinen Partikeln verbrannt worden wären? Würden Sie den Henkern vergeben? Könnten Sie deren Söhnen in die Augen sehen?
Zurück zu den Fakten...

Die Machtergreifung

Die schreckliche Wahrheit ist: Hitler kam auf völlig legalem Weg an die Macht. Nach einer der zahlreichen Reichstagswahlen (am 6. November 1932), die notwendig waren, weil es keine regierungsfähigen Mehrheiten gab, bietet der bisherige Reichkanzler Franz von Papen dem Chef der Nationalsozialistischen Deutschen Arbeiterpartei (NSDAP), Adolf Hitler, den Einstieg in eine Koalitionsregierung an. Die Nazis hatten bei dieser Wahl 33,1 Prozent der Stimmen errungen – für ihre Verhältnisse und Ansprüche ein eher schwaches Ergebnis, doch immerhin sind sie damit von einem Drittel der Deutschen gewählt und eine ernsthafte politische Kraft. Hitler akzeptiert das Papen-Angebot unter der Bedingung, dass er selbst zum Kanzler ernannt wird. Diese Ernennung geschieht am 30. Januar 1933.
Die Grundlagen: Vorbereitet wird dieser politische Triumphmarsch durch eine Orgie der Gewalt: Hitler hat bereits in den 20er Jahren eine Organisation namens SA (Sturm-Abteilung) ins Leben gerufen, die unter dem Vorwand, auf Deutschlands Straßen für Ordnung zu sorgen, mehr oder weniger marodierend durchs Land zieht. Vor allem die Linken sind der erklärte Feind dieser Braunhemden, und da die Linken in der jüngeren Vergangenheit für so manchen politisch motivierten Mord gesorgt haben, empfindet die Mehrheit der Bevölkerung die SA zunächst tatsächlich als Ordnungshüter.
Schnell jedoch wird deutlich, dass der Terror von rechts mindestens genauso schlimm ist wie der Terror von links, und folgerichtig wünscht man sich einen starken Mann, der diesen Schrecken in den Griff bekommt. Hitler scheint dieser Mann zu sein und so paradox es ist: Viele wählen ihn, weil er das

Chaos aufräumen kann, das er selbst angerichtet hat. Selten hat das Sprichwort „den Bock zum Gärtner machen" besser gepasst.

Das Ermächtigungsgesetz: Kaum ist Hitler Kanzler, setzt er das Ermächtigungsgesetz durch. Im Reichstag verkündet er – nachdem er die Kommunisten rausgeschmissen hat –, dass er nun gedenke, etliche Jahre mit so genannten Notstandsverordnungen zu regieren. Das bedeutet: Er regiert de facto alleine – das Parlament hat in Zukunft nichts mehr zu sagen, geschweige denn zu entscheiden. Unfassbar, aber wahr: Die Parlamentarier stimmen dem Gesetzesvorschlag zu, lediglich die SPD stimmt dagegen und zieht sich damit den Zorn des selbst ernannten Führers zu. In der Folgezeit werden viele Sozialdemokraten ermordet oder in Konzentrationslager gesperrt. Per „Ermächtigungsgesetz" ist Hitler somit der mächtigste Mann im Staat.

Die Führer-Taktik

Hitler, ein mäßig begabter Maler und verklemmter Hobbypolitologe, ist zwar einerseits strohdumm, andererseits auch genial. Zunächst macht er der SA den Garaus, indem er die komplette Führung – darunter seinen alten Freund Ernst Röhm – von seiner persönlichen Schutztruppe (SS) ermorden lässt. Zum einen hat er dadurch bewiesen, dass er „Ordnung" schaffen kann, zum anderen gewinnt er die Berufssoldaten als Verbündete, denen die SA schon immer als dubiose Konkurrenz erschienen war.

Zum Dritten schert er sich einen Dreck um den „Schandvertrag" von Versailles: Er betreibt – gegen das Verbot der Alliierten aus dem Ersten Weltkrieg – eine aktive Wiederaufrüstung. Dies wiederum sichert ihm die Unterstützung der deutschen Industrie, die nun endlich wieder lukrative Aufträge hat. Mit staatlichen Arbeitsbeschaffungsprogrammen – unter anderem dem Bau der Autobahnen – reduziert er die Zahl der Arbeitslosen mit brachialer Gewalt gegen Null. Das Geld dafür wird ihm von großen Banken auf der ganzen Welt vorgestreckt – dass er die Kredite mit beschlagnahmtem jüdischem Vermö-

gen und späteren Eroberungsfeldzügen zurückzahlen will, verschweigt „der Führer" natürlich zunächst.
Ein vierter Grund für seine Anfangserfolge ist die so genannte „Gleichschaltung". Alle Jugendorganisationen, Verbände, alle Gewerkschaften und alle Parteien werden zu nationalsozialistischen Organisationen gemacht, ihre Schlüsselpositionen mit Hitler-Anhängern besetzt. Ob der „Bund deutscher Mädels", die „Jungscharen" oder der „Deutsche Kaninchenzüchterbund" – allesamt werden sie zu Ablegern der NSDAP und überall wird dem Führerkult konsequent gehuldigt. Diesen unterstützt er mit gewaltigen, pathetischen Inszenierungen, bei denen sich alles um seine schmächtige Person dreht: Ob auf dem riesigen Reichsparteitagsgelände in Nürnberg, ob im germanisch-größenwahnsinnigen Berlin – überall errichtet ihm sein Leib- und Magenarchitekt Albert Speer gigantische Arenen zur Selbstinszenierung.
Im neu geschaffenen Reichspropagandaministerium sorgt ein Mann namens Joseph Goebbels dafür, dass der Rundfunk ganz und gar des „Führers" Gedanken verkündet, die Zeitungen sind ebenfalls unter Kontrolle und jeglicher Widerstand wird von SS und Gestapo (Geheime Staatspolizei) brutal unterdrückt.
Das perfideste Mittel jedoch, um die Deutschen zu einer „Führer-Truppe" zusammenzuschweißen, ist die Erfindung eines gemeinsamen Feindes. Die Linken sind ja bereits mehr oder weniger eliminiert, im Exil oder zumindest mundtot gemacht – nun nimmt Hitler seinen persönlichen Judenhass zum Anlass, ein ganzes Volk auszurotten. „Der ewige Jud" wird zum Synonym für „den Feind" schlechthin – alles, was in Deutschland in den vergangenen Jahrzehnten schief gelaufen ist, haben plötzlich die Juden zu verantworten.
In der perfekt von oben inszenierten, scheinbar „spontanen Entladung des Volkszornes", der so genannten „Reichskristallnacht" im November 1938, wird nach Jahren der systematischen Unterdrückung und Diskriminierung nun ganz offen zur Hatz auf die Juden geblasen. Geschäfte und Synagogen werden zerstört und geschändet, Menschen wie Vieh gehetzt, niedergeknüppelt und beraubt. Der Holocaust hat seinen An-

fang genommen und die Deutschen werden somit endgültig in eine „Gemeinschaft der Schuld“ getrieben, aus der es kein Entkommen mehr gibt.

Der Holocaust

Eines vorweg: Es gibt kein Verbrechen, das mit diesem vergleichbar wäre. Den Völkermord an den Indianern in den USA als Rechtfertigung heranzuziehen, ist ebenso unsinnig, wie das Gebaren der Engländer und Buren in Südafrika. Es gab und gibt immer wieder Grausamkeiten, die durch Kriege oder Konflikte motiviert sind, bei denen der Hass und die gegenseitige Verachtung die Oberhand gewinnen und bei denen die Sieger grausame Rache an den Verlierern nehmen. Der Holocaust gehört nicht zu dieser Gattung von Verbrechen.

Der Völkermord an den Juden geschieht im Dritten Reich ohne konkreten Anlass. Der Jude ist ein ebenso beliebiger Feind, wie es die Brillenträger, die FC-Bayern-Fans oder die Rothaarigen wären. Der Jude ist für Hitlers Wahnsinn nur ein Ventil, ein Mittel zum Zweck. Zum einen – wie beschrieben – um mittels eines konkreten Feindbildes die eigene Position zu festigen, zum anderen – so schlicht dies klingt – um ihn auszuplündern und damit die deutschen Staats- und Kriegskassen zu füllen.

Es wurde nie ein offizieller schriftlicher Befehl von Adolf Hitler zur systematischen Massenvernichtung der Juden gefunden. Doch diese Systematik wurde auf seinen Wunsch hin betrieben – daran besteht kein Zweifel. In der so genannten Wannsee-Konferenz am 20. Januar 1942 wird die Logistik des Völkermordes detailliert besprochen und schriftlich fixiert – den Vorsitz dieser Zusammenkunft hat der SS-Chef Reinhard Heydrich.

Es ist müßig, darüber zu spekulieren, ob die Ausrottung des jüdischen Volkes von Anfang an ein Bestandteil von Hitlers Plänen war oder ob sie sich im Laufe der Zeit durch immer schärfere Gesetze und Maßnahmen ergeben hat: Fakt ist, dass über sechs Millionen Menschen – Männer, Frauen und

Kinder – vor und während des Zweiten Weltkriegs in Deutschland und in den von den Deutschen besetzten Gebieten auf die unterschiedlichste Art systematisch, gnadenlos und eiskalt getötet werden. Auschwitz, Bergen-Belsen, Treblinka und Buchenwald – diese Namen stehen stellvertretend für Konzentrationslager, für Orte, an denen die Menschlichkeit im Namen Deutschlands zu Grabe getragen wird.

Der Zweite Weltkrieg ...

... beginnt offiziell am 1. September 1939 mit dem Einmarsch deutscher Truppen in Polen. Eine förmliche Kriegserklärung hat es vorher nicht gegeben – der deutsche Rundfunk meldet lapidar, dass „ab heute zurückgeschossen wird". Wann, wie und vor allem warum die Polen angefangen haben sollen zu schießen, bleibt unklar und wird nicht einmal von den hartgesottensten Hitler-Verehrern für bare Münze genommen: Der Krieg ist eröffnet und das Ziel ist klar. Lebensraum für das Deutsche Volk soll im Osten gewonnen werden – das Deutsche Reich soll größer und mächtiger werden, als es jemals war.

Es wäre ein gar zu gewagtes Unterfangen, im Rahmen dieses Buches den Zweiten Weltkrieg zu analysieren, und deshalb beschränken wir uns auf die wichtigsten Fakten. Wie schon das Kaiserreich im Ersten Weltkrieg traut sich auch Nazi-Deutschland einen Zwei-Fronten-Krieg zu und holt sich dabei innerhalb von sechs Jahren eine furchtbar blutige Nase. Zunächst gibt es mit dem Einmarsch der deutschen Truppen in Polen und Frankreich und der Besetzung großer Gebiete durchaus Anfangserfolge.

Da Hitler Österreich und die Tschechoslowakei schon zuvor unblutig (dank des Zögerns der Alliierten) kassiert hat, ist der deutsche Machtbereich im Jahre 1940 so groß wie seit den Zeiten der fränkischen Könige nicht mehr. Auch der Einmarsch in Russland (ab 1941) verläuft zunächst zügig, die Ukraine, Weißrussland und die baltischen Staaten werden – so die Kriegspropaganda – „vom sowjetischen Joch" befreit. Doch der Vormarsch der deutschen Truppen wird kurz vor Moskau gestoppt – der Wendepunkt des Krieges ist erreicht.

Als die einzigen offiziellen Verbündeten des Deutschen Reiches, die Japaner, am 7. Dezember 1941 die US-Flotte auf dem Pazifik-Stützpunkt Pearl Harbour angreifen und fast komplett versenken, ist der Krieg praktisch schon verloren: Aufs Äußerste gereizt erklären die Amerikaner den Japanern und den Deutschen den Krieg. Am 10. Juli 1943 landen die Briten und Amerikaner in Italien und schlagen dort die deutschen Truppen zurück. Am 6. Juni 1944, dem so genannten D-Day (Debarcation Day = Landungstag), kommen wiederum Amerikaner und Briten in der Normandie an und drängen die deutschen Truppen aus Frankreich zurück. Am 20. Juli 1944 scheitert ein Attentat auf Hitler, das der Berufsoffizier Oberst Stauffenberg mit einigen Kameraden verübt. Stauffenberg und etliche weitere Regimegegner werden hingerichtet, während sämtliche Fronten immer weiter in Richtung Deutschland wandern.
Die Sowjets erobern die verlorenen Territorien zurück – in einer beispiellosen Angriffswelle nehmen angloamerikanische Bomberpiloten Rache für Hitlers Bombardierung Londons und legen etliche deutsche Städte wie Dresden oder Hamburg in Schutt und Asche. Am 30. April 1945 erschießt sich Hitler im Angesicht der Niederlage in seinem „Führerbunker" in Berlin – zu einem Zeitpunkt, an dem sich in der deutschen Hauptstadt schon die letzten deutschen Verbände Straßenkämpfe mit den anrückenden russischen Truppen liefern. Am 8. Mai unterzeichnet der ranghöchste deutsche Militärführer, Admiral Dönitz, die bedingungslose Kapitulation Deutschlands. Der Zweite Weltkrieg ist beendet. Zumindest in Europa.
Der letzte Akt dieses Krieges findet auf der anderen Seite der Erde statt – im fernen Japan. Der Tenno (japanischer Kaiser) denkt nicht an eine Kapitulation. Die Amerikaner haben die Atombombe gebaut – am 6. August 1945 explodiert jeweils ein Exemplar dieser größten Massenvernichtungswaffe der Menschheit über den Städten Hiroshima und Nagasaki. In einem gleißenden Inferno werden innerhalb weniger Sekunden aus diesen Städten glühende und verseuchte Trümmerwüsten: Japan kapituliert sofort – die Welt hat sich verändert. Zu welchem Preis ...

Albert Einstein
Der 1879 im schwäbischen Ulm geborene Physiker war ein viel zu kluger Mensch, als dass er jemals einen so dummen Satz wie „Alles ist relativ" gesagt hätte. Richtig ist allerdings, dass der Naturwissenschaftler, der seine Laufbahn als Beamter im Vermessungsamt begann und dabei ungemein viel Zeit zum Denken und Grübeln hatte, bahnbrechende Gedanken und Theorien zur Entstehungsgeschichte und der Beschaffenheit des Universums entwickelte. Seine spezielle (1905) und seine allgemeine (1914-1916) „Relativitätstheorie" bedeuten den Durchbruch in eine neue Art des physikalischen Denkens und wurden 1921 mit dem Nobelpreis für Physik belohnt. Zu diesem Zeitpunkt ist Einstein allerdings schon kein Deutscher mehr: Zu Beginn des Jahrhunderts war der Physiker in die Vereinigten Staaten ausgewandert. Dort empfiehlt er 1944 in einem Telefonat dem amerikanischen Präsidenten den Bau der Atombombe – weil er gerüchteweise von Physikerkollegen gehört hat, dass die Deutschen bereits an einer solchen Waffe bauen. Er selbst baut jedoch nicht an dieser Massenvernichtungswaffe mit. Einstein stirbt im Jahre 1955.

(E)instein = mc²

Die Nachkriegsära

Der Weltkrieg ist vorbei – der Kalte Krieg beginnt. Mit diesen dürren Worten lässt sich der Zustand der Welt nach 1945 beschreiben. Deutschland und Japan – am Boden zerstört und keine Bedrohung mehr. Amerika – militärische und zivilisatorische Supermacht – übernimmt das Ruder des Westens, das kommunistisch regierte Sowjetreich das im Osten. Stalin schnappt sich die osteuropäischen Staaten, schmiedet eine Art „Satellitenbündnis", das er nach dem Ort des Pro-forma-Abkommens benennt: den „Warschauer Pakt".
Beflügelt von der Angst vor dem Kommunismus, der „Zweiten Welle der Weltrevolution", erweisen sich die Amerikaner gegenüber dem „Frontstaat" Deutschland als äußerst großmütige Sieger. Die westlichen Besatzungszonen werden nach einigen Jahren geräumt – Deutschland erhält seine Souveränität zurück und eine solch großzügige wirtschaftliche Unterstützung, dass ein „Wirtschaftswunderland" zu blühen beginnt. Der deutsche Fleiß, noch wenige Jahre zuvor vor allem durch seine unmenschliche Effizienz beim Töten in aller Munde, wird wieder zur Tugend befördert – unter seinem ersten Kanzler Konrad Adenauer erlebt der Westen des neuen Deutschlands einen regelrechten Boom.

Konrad Adenauer

Der erste Kanzler der Bundesrepublik Deutschland hat die Aufgabe, das geschlagene, zerstörte und gedemütigte Deutschland wieder in die Völkergemeinschaft zu integrieren. Kein leichter Job, den Konrad Adenauer da übernimmt. Adenauer wird 1876 in Köln geboren. In seiner Heimatstadt fungiert er von 1917 bis 1933 als Oberbürgermeister, wird von den Nazis abgesetzt und 1945 von der britischen Besatzungsmacht wieder zum Oberbürgermeister der zerbombten Stadt ernannt. 1949 gewinnt er die ersten Bundestagswahlen mit der CDU und wird mit hauchdünner Mehrheit gegen den Sozialdemokraten Kurt Schumacher zum ersten Bundeskanzler gewählt. Dieses Amt hat er bis 1963 inne – von 1951 bis 1955 bekleidet er gleichzeitig den

Posten des Außenministers. Adenauer setzt die Wehrpflicht durch, bindet die Bundesrepublik stark an das Nordatlantische Verteidigungsbündnis (NATO) und vertritt eine enge politische und wirtschaftliche Anbindung an die Westmächte – insbesondere an die USA. Er erreicht damit die Anerkennung der Bundesrepublik Deutschland als souveräner Staat. Im Verbund mit dem Wirtschaftswissenschaftler und Minister Ludwig Erhard gilt Adenauer auch als einer der Väter des deutschen „Wirtschaftswunders", das oftmals als „Adenauer-Ära" bezeichnet wird. Der „Alte vom Rhein" stirbt 1967.
Die Demokratie in Westdeutschland ist etabliert – die Bundesrepublik spätestens mit der Währungsreform 1949 und der Einheit der stabilen D-Mark geboren. Ostdeutschland jedoch wird von der Besatzungsmacht Sowjetunion nur scheinbar in die Unabhängigkeit entlassen: Zwar gilt die „Deutsche Demokratische Republik" als souveräner Staat, doch wird sie im typisch sowjetischen Ein-Parteien-System regiert und verweigert sich allen Einheitsbestrebungen. So stehen sich also mitten in Europa zwei Blöcke gegenüber: der demokratisch strukturierte und von den USA unterstützte Westen und der von der Sowjetunion kontrollierte und subventionierte Osten. Die Trennungslinie wird gerne als „Eiserner Vorhang" bezeichnet und dieser zieht sich auch durch andere Teile der Welt.
Auch China ist mittlerweile ein kommunistisch regiertes Land – wenngleich auch kein Freund der Sowjetunion. Den politischen Umschwung im bevölkerungsreichsten Staat der Erde hat Mao Tse-tung bewirkt.

Mao Tse-tung

Schon zu Lebzeiten ist der kleine Mann mit den lichten Haaren und den Hamsterbacken eine Legende. Geboren im Jahre 1893, errichtet Mao Tse-tung im Jahre 1949 in China eine Volksrepublik nach sowjetischem Muster. Vorangegangen war die Abdankung des letzten Kaisers im Jahre 1903, wechselnde Regierungen und die blutige Herrschaft des so genannten Kuomintang-Regimes. Allein Mao und seinem demagogischen Geschick verdanken es die chinesischen Kommunisten, dass

sie überhaupt bis 1949 durchhalten. Zu diesem Zeitpunkt jedoch ist das in Peking herrschende Regime durch den Krieg mit Japan geschwächt und Maos Kommunisten reißen die Macht an sich. Zunächst wird Mao Vorsitzender der zentralen Volksregierung, anschließend (von 1954 bis 1958) Präsident des Zentralen Volksrates (offizielles Staatsoberhaupt). Als Vorsitzender des Politbüros und des Zentralkomitees der chinesischen kommunistischen Partei bleibt er jedoch auch anschließend (bis zu seinem Tod im Jahre 1976) der mächtigste Mann im Land und stets der „Große Vorsitzende".
Nach seinem Ableben entsteht in China ein kurzes Machtvakuum, das seine Witwe zusammen mit drei Verbündeten ausnutzen will. Doch die „Viererbande" wird schnell entmachtet – die Kommunistische Partei übernimmt die Kontrolle nach Maos Vorbild erneut. Die Amerikaner übernehmen weltweit die Rolle des „Sheriffs" und versuchen, kommunistische Expansionsbestrebungen überall im Keim zu ersticken. Ihr Einmischen in Korea, als der kommunistische Norden sich den demokratischen Süden einverleiben will, führt zum ersten Krieg nach Beendigung des Weltkrieges (1950-1953) und ihr Engagement in Vietnam ab 1964 endet in einem beispiellosen Fiasko. In diesem Zusammenhang sei noch ein Mann erwähnt, der das Denken und das Fühlen der Amerikaner verändert hat, wie seit Washington und Lincoln kein anderer Präsident.

John Fitzgerald Kennedy

Nur zwei Jahre ist JFK, wie die Amerikaner den Spross der Kennedy-Familie nennen, Präsident der Vereinigten Staaten. In einer hauchdünnen Entscheidung hatte der Demokrat seinen Kontrahenten Richard Nixon geschlagen. Doch diese zwei Jahre genügen, um eine ganze Nation vollständig zu verändern. Der erste „Showstar" der Politik verbindet politische Weitsicht und Menschlichkeit mit Charisma und einem feinen Gespür für die Macht. Er setzt sich für die endgültige Aufhebung der Rassentrennung in den USA ein, sorgt für eine Entspannung zwischen Ost und West und beschwört durch seine

harte Haltung gegenüber den Russen in der so genannten „Kubakrise" doch beinahe den ersten atomaren Krieg der Menschheitsgeschichte herauf. Verheiratet ist er mit Jacqueline (Jackie) – eine Affäre wird ihm mit Marilyn Monroe nachgesagt. Am 22. November 1963 wird Kennedy in Dallas von einem Attentäter namens Lee Harvey Oswald erschossen und noch heute ranken sich zahlreiche Legenden und Gerüchte um seinen Tod. An erster Stelle stehen dabei Verschwörungstheorien aller Art. Für viele Amerikaner ist die Frage „Wo warst du, als Kennedy erschossen wurde?" noch heute der Einstieg in eine Konversation und belegt den Stellenwert, den dieser Präsident für die Nation hatte. Die Deutschen begeisterte er an der Berliner Mauer, als er den Durchhaltewillen der West-Berliner lobte und den historischen Satz „Ich bin ein Berliner" zum Besten gab. Stellvertretend für sein Verständnis von Politik mag folgender Satz sein: „Frage nicht, was dein Land für dich tun kann, sondern frage, was du für dein Land tun kannst."
Die jüngere Geschichte ist – so viel Zynismus sei gestattet – nicht unbedingt ein Kapitel, das sich zum „Angeben" eignet – und sie sei deswegen an dieser Stelle auf das Wesentliche reduziert: Im Jahr 1989 – unter dem Zentralsekretär der Kommunistischen Partei der Sowjetunion Michail Gorbatschow – verliert der Sozialismus sowjetischer Prägung seine Macht. Prompt zerfällt der so genannte Ostblock in selbstständige, einzelne Staaten – der Eiserne Vorhang ist gefallen und die Welt atmet auf. Die neuen Kriege sind anderer Art – die Technologie des Terrors hat sich verändert. Das jüngste Datum des Horrors ist der 11. September 2001, der Tag der Terroranschläge auf das World Trade Center in New York. Doch dies ist Stoff für viele weitere Werke kompetenter Autoren. *So* waghalsige Angeber sind wir denn doch nicht.

Aber so ganz wollen wir Sie denn doch noch nicht aus unserem Buch entlassen, denn es folgen noch zwei kleine Kapitel.

Bildung von heute

Bildung ist für jeden etwas anderes. Der eine legt Wert auf die Kenntnisse der schönen Künste und der Literatur, der andere hält die Naturwissenschaften für des Pudels Kern und der Dritte will nur denjenigen als gebildet bezeichnen, der geschichtlich umfassend bewandert ist. Doch gehört nicht auch ein gutes Gedächtnis zur Bildung? Die Fähigkeit, anhand einiger „Brocken“ Zusammenhänge herzustellen – aus wenigen Worten komplexe Muster und Bilder zu formen, die unsere Zeit geprägt haben und immer noch prägen? Oder anders gefragt: Gehört zur Bildung nicht auch die ständige Überprüfung, ob man die jüngere Vergangenheit und ihre Folgen für die Gegenwart im Kopf hat?
Um Ihnen die Möglichkeit zu geben, dieses „Grundwissen“ zu überprüfen, haben wir an diese Stelle ein kleines Quiz gestellt. Es beinhaltet die „Wörter des Jahres“ – beginnend 1990 und abschließend mit dem Jahr 2000. Die Gesellschaft für Deutsche Sprache benennt diese Wörter (und auch die „Unwörter“) stets im Januar des Folgejahres. Es handelt sich nicht unbedingt um diejenigen Begriffe, die am häufigsten gefallen sind, sondern vielmehr um solche, die für wichtige, charakteristische Themen des betreffenden Jahres stehen – die also dieses jeweilige Jahr „geprägt“ haben.
Das fett gedruckte Wort ist jeweils das ausgewählte – die anderen dahinter sind einige weitere Vorschläge für das jeweilige Jahr. Lesen Sie und versuchen Sie, sich zu erinnern. Am Ende dieses Kapitels liefern wir Ihnen dann sozusagen die Auflösung: zu jedem Begriff die wichtigsten Fakten.

Die Wörter des Jahres (1990 bis 2000)

1990
die neuen Bundesländer
vereintes Deutschland
2+4-Gespräche
polnische Westgrenze
sozial abfedern

1991
Besserwessi
Ausländerhass
Stasisyndrom
Wohlstandsmauer
chirurgische Kriegführung
kein Blut für Öl
Solidaritätszuschlag

1992
Politikverdrossenheit
Fremdenhass
Rassismus
Rechtsruck
Lichterkette
gaucken
Maastricht
ethnische Säuberung
Blauhelmeinsatz
outen, Outing
Erlanger Baby

1993
Sozialabbau
Blutskandal
Amigo-Affäre
Pflege (Pflegeversicherung)
großer Lauschangriff
Dino

1994

Superwahljahr
Osterweiterung
Filosofie
rote Socken

1995

Multimedia
Kruzifixurteil
Reichstagsverhüllung
virtuelle Realität
Datenautobahn
Rechtschreibreform

1996

Sparpaket
Haushaltslöcher
Lohnfortzahlung
Globalisierung
genmanipuliert
Kinderschänder

1997

Reformstau
Ruck durch Deutschland
Bildungsmisere
Klonschaf
Elchtest
Tamagotchi
Paparazzi

1998
Rot-Grün
Viagra
neue Mitte
„Ich habe fertig!“
jahr-2000-fähig
Ökosteuer
„piep, piep, piep“

1999
Millennium
Kosovokrieg
Euroland
Doppelpass
feindliche Übernahme
Rindfleischetikettierungsüberwachungsaufgaben-
übertragungsgesetz

2000
Schwarzgeldaffäre
BSE-Krise
Greencard
SMS
Kampfhund
brutalstmöglich
Leitkultur
Big-Brother-Haus

Na? Alle noch mal durchgeguckt? Fällt Ihnen bei jedem Wort noch ein, worum es seinerzeit ging?

Mit dem Viagra fühle ich mich zwar wie ein Zwanzigjähriger – jedoch stört es bei der Gartenarbeit ungemein.

Die Auflösung

Ob Sie jetzt schlauer sind als vorher? Ob Sie jetzt mehr wissen? Gebildeter sind? Das können der Autor, der Lektor, der Verlag – das können *wir* nicht beurteilen. Mit diesem Buch haben sich alle Beteiligten auf jeden Fall viel Mühe gegeben – wenn Sie sich das eine oder andere daraus gemerkt haben, können Sie zumindest auf manchen Themenfeldern „mitreden", Eindruck machen ... angeben.
Und kann Ihre Erinnerung mit den „Wörtern des Jahres" noch etwas anfangen?. Wenn nicht, oder nur teilweise – dann kriegen Sie in den folgenden Zeilen noch einmal ein „Update" (Neudeutsch für Gedächtnisauffrischung).

Das Jahr 1990 ist natürlich geprägt von der deutschen Wiedervereinigung. Ein Jahr zuvor hatten die Menschen in Leipzig, Dresden, Halle und Ost-Berlin dem absurden Konstrukt DDR ein unblutiges, aber spektakuläres Ende bereitet. Die Mauer war gestürmt, die Grenzen offen. Zwar wurde noch um Art und Form des Zusammenschlusses beider deutscher Staaten gerungen, doch im Herbst 1990 ist die Wiedervereinigung dann endgültig unter Dach und Fach. Das System der Bundesrepublik wird nun auf Gesamtdeutschland übertragen – mit Brandenburg, Mecklenburg-Vorpommern, Sachsen, Sachsen-Anhalt, Thüringen sowie dem geeinten Berlin entstehen „die neuen Bundesländer". Die „2+4-Gespräche" zwischen den Vertretern beider deutscher Staaten und den vier Alliierten des Zweiten Weltkriegs (Sowjetunion, Frankreich, England und USA) hatten den Weg dahin geebnet.
Bis zur „polnischen Westgrenze" ist Deutschland nun wieder das lang ersehnte „einig Vaterland", doch durch das wirtschaftliche Ungleichgewicht zwischen den bis dato getrennten Teilen der Republik muss die Vereinigung auch „sozial abgefedert" werden. Die Ostdeutschen sollen schnellstmöglich den gleichen sozialen Standard wie ihre westlichen Nachbarn erhalten.

1991 erweist es sich dann sehr schnell, dass die Wiedervereinigung längst nicht so reibungslos vonstatten gehen kann, wie ursprünglich erhofft. Die 40-jährige Trennung der beiden deutschen Staaten hat Spuren bei den Menschen hinterlassen und die Westdeutschen scheinen ab und an in einer Mischung aus Mitleid und Verachtung auf den ostdeutschen Teil der Bevölkerung zu blicken. Dort wird dies als arrogantes Verhalten betrachtet – der Begriff „Besserwessi" (Verballhornung von „Besserwisser") ist geboren. Immer häufiger beklagt man sich im Osten nun auch über die Schieflage der Einkommensverhältnisse – zwischen West und Ost steht nun die unsichtbare „Wohlstandsmauer", die die Politik mittels des „Solidaritätszuschlages" einreißen will. Diesen haben die Westdeutschen per Steuerbescheid zu entrichten; die Mehreinnahmen des Bundes sollen für den Aufbau der Infrastruktur und des sozialen Netzes im Osten verwendet werden. Unangenehmer Nebeneffekt der Einigung ist auch ein wachsender „Ausländerhass" der sich vor allem in den neuen Bundesländern bemerkbar macht. Die hohen Arbeitslosenzahlen, die Unsicherheit der persönlichen Lebensumstände, die soziale Schieflage zwischen Ost und West – all dies radikalisiert so manchen Jugendlichen. Rechtsextreme Parteien und Organisationen werben wie die Rattenfänger um Zulauf und haben mehr Erfolg, als sie wohl selbst erwartet hatten. Der Frust, der in vielen ostdeutschen Köpfen durch unerfüllte Hoffnungen entstanden war, sucht sich ein Ventil und die in Deutschland lebenden Ausländer sind wohl das schwächste Glied in der Kette. Während sich in Deutschland nach und nach herausstellt, dass der ostdeutsche Inlandsgeheimdienst (Staatssicherheit, kurz „Stasi") in der ehemaligen DDR sehr viele informelle Mitarbeiter rekrutiert und beschäftigt hatte („das Stasisyndrom") blickt die Welt gebannt in den Irak. Dort führen die Amerikaner und die Briten Krieg gegen den Diktator Saddam Hussein. Dieser hatte zuvor den Nachbarstaat Kuwait besetzt und damit den Angriff der Amerikaner provoziert. In Europa mehren sich zwar Stimmen, die diesem Kampf skeptisch gegenüberstehen und vermuten, dass sich die Verbündeten nie so ins Zeug gelegt hätten, wenn Kuwait nicht ein wichtiger Öllieferant wäre („Kein Blut für Öl"), doch die Amerikaner verweisen auf ihre „chirurgische Kriegführung“: Sauber, wie mit dem Skalpell, zerstöre man im Irak nur militärische Ziele – die Zivilbevölkerung komme nicht zu Schaden. Eine klare Fehleinschätzung, wie sich Jahre später herausstellen sollte …

Auch 1992 steht natürlich ganz im Zeichen der neuen deutschen Befindlichkeit. Die Wiedervereinigung hat längst nicht das gebracht, was sich viele – vor allem im Osten – erhofft hatten. Immer mehr, vor allem junge Menschen, geben bei Umfragen an, überhaupt keiner Partei mehr trauen zu wollen: „Politikverdrossenheit“ stellt sich ein. Im Zuge dieser Enttäuschung nehmen auch „Fremdenhass“ und „Rassismus“ deutlich zu und Besorgnis erregende Formen an. Ausländer – vor allem Farbige – werden auf offener Straße angepöbelt, niedergeschlagen, verletzt und sogar getötet. Dagegen formiert sich schließlich eine Protestbewegung, die mit „Lichterketten“ versucht, Zeichen gegen die Gewalt zu setzen. Währenddessen hat auch die Behörde für die Aufarbeitung und Verwaltung der Stasi-Akten ihre Arbeit aufgenommen. Benannt wurde sie nach ihrem Leiter Joachim Gauck – die Einsichtnahme in die Akten wird von findigen Journalisten prompt als „gaucken“ bezeichnet. Währenddessen macht es der Krieg im ehemaligen Jugoslawien notwendig, sich mit widerwärtigen Begriffen aus der Vergangenheit beschäftigen zu müssen: Als „ethnische Säuberung“ bezeichneten Serben die Vertreibung der „ethnischen Minderheit“ der Moslems aus ihren Gebieten und die UNO denkt über den Einsatz von Friedenstruppen auf dem Balkan nach: „Blauhelmeinsatz“ heißt das Wort dafür, abgeleitet von der Helmfarbe der internationalen Friedenstruppe. Immerhin – während mitten in Europa noch ein Bürgerkrieg tobt, macht der Rest des Kontinents Fortschritte im Einigungsprozess. Im Vertrag, der im belgischen „Maastricht“ ausgehandelt wird, wird die mittelfristige Abschaffung der Grenzkontrollen sowie eine einheitliche europäische Währung vereinbart.

Der Sozialstaat steht 1993 auf dem bundesdeutschen Prüfstand. Zu viel werde dem Bürger abgenommen – der Aufbau Ost mache eine Beschneidung der staatlichen Leistungen erforderlich, argumentieren Regierungsvertreter. „Skandal" schreit die Opposition und spricht vom „Sozialabbau", zumal im selben Jahr auch die so genannte „Pflegeversicherung" zum Gesetz wird: Jeder Bundesbürger muss fortan gegen einen eventuellen Pflegefall im Alter versichert sein und dafür auf ein paar Prozent in der Lohntüte verzichten. In Bayern tobt derweil die „Amigo-Affäre" – benannt nach Südamerika-Reisen führender CSU-Politiker, die – so schreibt es die Presse – zumindest teilweise von reichen Unternehmern finanziert worden waren. Urlaub als Bestechung, mutmaßen viele und Ministerpräsident Max Streibl muss seinen Hut nehmen. Sein Nachfolger heißt Edmund Stoiber. Heftig debattiert wird auch darüber, ob der Staat im Kampf gegen die organisierte Kriminalität die Telefongespräche potenzieller Verdächtiger abhören dürfe: Nein, meinen viele und bezeichnen diese Praxis als geplanten „großen Lauschangriff". Im Kino macht der Film „Jurassic Park" in diesem Jahr eine längst ausgestorbene Tierrasse populär: Die Dinosaurier – abgekürzt „Dino" – halten als Plüschtiere Einzug in die Kinderzimmer.

Als „Superwahljahr" wird 1994 bezeichnet. Nicht nur die Bundestagswahl, die Helmut Kohl und die CDU/CSU/FDP-Regierung im Amt bestätigt, steht auf dem Programm, sondern auch noch eine ganze Reihe von Landtagswahlen. Währenddessen wirft die geplante Rechtschreibreform bereits ihre Schatten voraus: Lehrer, Eltern und verschiedene Politiker können es gar nicht fassen, dass beispielsweise der schöne Begriff „Philosophie" in Zukunft einfach als „Filosofie" geschrieben werden soll.
Dass die PDS als Nachfolgepartei der ehemaligen DDR-Staatspartei SED im Osten der Republik viele Stimmen holt, erbittert vor allem die Union aus CDU und CSU. Ihr damaliger Generalsekretär Volker Hintze entwirft die Kampagne wider die „roten Socken" von der PDS.

1995 ist es dann so weit: Die „Rechtschreibreform" soll eingeführt werden und zahlreiche Ein- und Widersprüche müssen abgehandelt, debattiert und entkräftet werden. Zum Wort des

Jahres wird die Reform dennoch nicht, da „Multimedia" zum neuen Messias der deutschen Wirtschaft werden soll. Mobiltelefone mit ungeahnten Fähigkeiten, interaktives Fernsehen, Navigationssysteme in Autos – all dies werden Visionen der nahen Zukunft. Das Internet wird endgültig zur Konkurrenz der etablierten Medien und auch wenn Otto Normalbürger mit „Multimedia" nicht allzu viel anfangen kann, ist der Begriff in aller Munde und sorgt an den Börsen für ein mehrjähriges Strohfeuer aus Hoffnungen und dem Traum vom schnellen Geld. Ganz nebenbei predigen Computerfreaks die „virtuelle Realität", die auf der „Datenautobahn" in jedes Wohnzimmer transportiert werden könne, und kaum einer kümmert sich im Rausch der neuen Technologien noch um die große Politik. Kein Wunder also, dass ein Spruch des Verfassungsgerichtes für Schlagzeilen sorgt: Nach dem so genannten „Kruzifixurteil" wird es dem größtenteils katholischen Freistaat Bayern freigestellt, in den Klassenzimmern seiner Schule „Kruzifixe" aufzuhängen. Ein Lehrer hatte dagegen geklagt. In Berlin tut sich währenddessen Revolutionäres in der Kulturszene. Der berühmte Künstler Christo darf endlich – nach vielen Jahren der Planung – den Berliner Reichstag mit Plastik umwickeln. Die „Reichstagsverhüllung" sorgt für einen riesigen Touristenansturm und beschert der gesamtdeutschen Hauptstadt einen Popularitätsschub der angenehmen Art.

Die Innenpolitik dominiert die Sprache im Jahr 1996. Immer noch leidet Deutschland unter den finanziellen Folgen der Wiedervereinigung. Die Bundesregierung schnürt ein „Sparpaket", mit dem die bestehenden „Haushaltslöcher" umgehend gestopft werden sollen. „Viel zu spät" argumentiert die rot-grüne Opposition, die es zwei Jahre später dann selbst richten soll. Auf dem Prüfstand – zumindest seitens der Arbeitgeber – steht auch die „Lohnfortzahlung" im Krankheitsfall, an der zu Gunsten des Arbeitsmarktes prompt einige Abstriche gemacht werden. Mehr oder weniger achselzuckend nehmen die Bundesbürger hingegen das Schlagwort von der „Globalisierung" hin: Dass die Wirtschaft sich weltweit öffnen muss, um konkurrenzfähig zu sein, scheint einleuchtend – die Folgen dieser „Vernetzungspolitik“ sind seinerzeit für den Einzelnen nicht absehbar. Wesentlich sorgenvoller wird die Tatsache betrachtet, dass die Wissenschaft nun die Möglichkeit zur Manipulation des Erbgutes entdeckt hat. „Genmanipuliert“ wird zum Schlachtruf der ökologischen Fraktion, die die Entfremdung von den gesunden Gaben der Natur propagiert. Tomaten aus Holland seien schon schlimm genug – Tomaten aus dem Labor seien eine Zumutung. So lautet in etwa, sehr verkürzt, die Formel. Dass mit dem schottischen Schaf „Dolly“ auch noch ein lebendiges Wesen aus einigen Zellen „geklont“ wird, setzte dieser Entwicklung vorerst die Krone auf. In Belgien erschüttert in diesem Jahr ein beispielloser Kriminalfall Politik und Justiz. Der „Kinderschänder“ Marc Dutroux wird verhaftet. Er hatte, so die Ermittlungen, jahrelang zahlreiche Kinder entführt, missbraucht und getötet.

Einen „Ruck durch Deutschland“ fordert 1997 der Bundespräsident Roman Herzog höchstpersönlich. Mit dem Gejammere müsse nun Schluss sein, es sei Zeit etwas zu bewegen. Doch so spektakulär seine Rede auch ist – für den „Ruck“ reicht es nicht zum Wort des Jahres. Dieses wird stattdessen „Reformstau“, denn so sehr die noch amtierende Bundesregierung sich auch bemüht – es geht nicht viel voran. Einiges scheitert auch an den entgegenlaufenden Anstrengungen der Opposition, die in dieser Zeit vor allem die „Bildungsmisere“ an deutschen Schulen und Hochschulen anprangert und eine Offensive und mehr Geld für die Schul- und Ausbildung fordert. Die deutschen Kinder schert dies derweil wenig, denn mit dem japanischen Metall-Plastik-Ei „Tamagotchi“ haben sie ein ebenso neues, wie für Erwachsene verwirrendes Modespielzeug entdeckt. Der Daimler-Chrysler Konzern bemüht sich in dieser Zeit um Schadensbegrenzung, hatte doch ein skandinavischer Testpilot und Reporter nachgewiesen, dass der neue Mercedes in besonders scharfen Kurven glatt umkippen kann. Das Ausweichen vor einem plötzlich auf der Fahrbahn stehenden Elch hatte er simuliert und mit einem Crash bezahlt – der „Elchtest“ ist geboren. Am 31. August 1997 hält die Welt, vor allem aber Großbritannien, den Atem an. Lady Diana, ehemalige Prinzessin und „Königin der Herzen“, stirbt in Paris bei einem Autounfall. „Paparazzi“-Fotografen auf der Jagd nach Prominenten-Schnappschüssen – sollen ihren Fahrer zur Raserei motiviert haben. Beweise, dass die Horde der Fotojäger tatsächlich für den Unfall verantwortlich war, gibt es nicht.

In Berlin übernimmt 1998 eine neue Bundesregierung das Ruder. Die Bundestagswahlen erbringen eine Mehrheit für eine SPD/Die Grünen-Koalition unter dem neuen Kanzler Gerhard Schröder – „rot-grün“ wird folgerichtig zum Begriff des Jahres. Schröder, längst nicht so links, wie ihn manche in der SPD gerne sehen würden, reklamiert für sich und seine Ministerriege schon im Wahlkampf die „neue Mitte“ und gewinnt somit offensichtlich auch etliche Stammwähler der Union. Mit dem Beschluss zur Einführung einer so genannten „Ökosteuer“ machen auch die Grünen von sich reden: Die Steuer auf Benzin und andere Arten von Energie soll für den Umweltschutz verwendet werden. In München hält in diesem Jahr der italienische Fußballlehrer Giovanni Trappatoni seine legendäre, in gebrochenem Deutsch formulierte Brandrede gegen satte und faule Profis in seiner Mannschaft und schließt mit den Worten: „Ich habe fertig.“ Auch er kann die Frage nicht beantworten, ob seine Mannen mit „Viagra“ schneller gerannt wären, doch fest steht, dass die Potenzwunderpille aus den USA auch in Deutschland zugelassen wird und eine regelrechte Potenzhysterie auslöst. Unternehmer, Techniker und Ingenieure beschäftigen sich derweil mit dem Problem, weltweit die Computer „jahr-2000-fähig“ zu machen. Die Sorgen, dass die Umstellung des Datums eine technische Katastrophe in den Netzwerken der Welt auslösen könne, erweist sich zum Wechsel ins übernächste Jahr dann doch als unbegründet. Weniger grundlos sind offensichtlich die Sorgen zum Thema „Globalisierung“: Ein deutscher Konzern muss erfahren, wie er per „feindlicher Übernahme“ relativ problemlos „geschluckt“ werden kann. 1998 sorgt ausgerechnet Deutschland dann wieder einmal für einen europäischen Kulturschock: Mit den schlichten Worten „piep, piep, piep" gelingt es dem Schlager- und Blödelbarden Guildo Horn, die Nation in eine Debatte über die Wertigkeit des Schlagers zu verwickeln. Der Erfolg seines Liedes gibt ihm jedoch Recht.

Das „Rindfleischetikettierungsüberwachungsaufgabenübertragungsgesetz" – dieses unglaubliche Monsterwort wird tatsächlich zu einem Synonym für das Jahr 1999. Es ist die Folge der so genannten „BSE-Krise". In deren Verlauf war eine seuchenartige Krankheit, die zunächst ausschließlich in Großbritannien Rinder befallen hatte, auch auf den Kontinent und auf Deutschland übergeschwappt. Für Menschen – so die Erkenntnis der Wissenschaftler – kann der Genuss des infizierten Fleisches Langzeitschäden im Gehirn zur Folge haben. So muss von nun an die Herkunft des Fleisches für den Verbraucher zweifelsfrei nachvollziehbar sein – das eingangs erwähnte Wort ward geboren. Das Wort des Jahres allerdings wird „Millennium", fiebert die gesamte Menschheit doch der Datumsumstellung zum Jahr 2000 entgegen. Das Ereignis verläuft dann unspektakulärer als erwartet und Weltuntergangsprognosen entpuppen sich als purer Nonsens. In der Politik sorgt der „Kosovokrieg" für eine erneute Krisenstimmung in Europa. Die NATO sieht sich gegen die serbische Politik im albanischen Kosovo zum Eingreifen gezwungen – erstmals seit dem Ende des Zweiten Weltkriegs sind auch deutsche Soldaten an militärischen Operationen im europäischen Ausland beteiligt. Innenpolitisch sorgt eine Anleihe aus dem Sprachschatz der Fußballer für Furore: der „Doppelpass" – die Anerkennung der doppelten Staatsbürgerschaft unter bestimmten Voraussetzungen für in Deutschland lebende Ausländer wird diskutiert und letztlich auch beschlossen.

Die „Schwarzgeldaffäre" um die geheimen Kassen und dubiosen Konten der CDU bestimmt das innenpolitische Leben der Republik im Jahr 2000. Führende CDU-Politiker fordern „brutalstmögliche" Aufklärung – ein Versuch, der am beharrlichen Schweigen des Ex-Kanzlers Helmut Kohl scheitert. Stattdessen wird eine Debatte über die „Leitkultur“ angezettelt – wieder geht es um die Integration von Ausländern in Deutschland. Die Bundesregierung startet ihre „Greencard“-Initative. Mit dieser neuen Form der Aufenthaltserlaubnis sollen qualifizierte Arbeitskräfte auf den deutschen Technologiemarkt gelockt werden, vor allem Inder gelten als neue Hoffnungsträger der IT-Branche. Für Schlagzeilen sorgen auch so genannte „Kampfhunde“. Diese überzüchteten und hoch aggressiven Haustiere fallen in diesem Jahr mehrmals über Menschen her und verletzen oder töten diese. Ein Zucht- und Halteverbot ist die Folge. Die Handy-Generation entdeckt in diesem Jahr endgültig ihre Leidenschaft für die schnurlose Kommunikation, schreibt dafür aber immerhin wieder Botschaften, allerdings nicht mehr auf Papier, sondern auf dem Display der Mobiltelefone: „Short message system“ heißt das Prinzip – das „SMS“-Fieber hat vor allem die Jugendlichen infiziert. Neue Maßstäbe der Seichtigkeit setzt auch das Privatfernsehen: Das „Big-Brother-Haus“ wird zum Synonym für den Beginn des so genannten „Reality-TV“. Die Lust am Blick ins Private hält die Deutschen über ein Jahr in Atem.

Eine Zugabe nur für Sie ...

Und hier noch ein paar Bildungshäppchen zu den Bereichen Literatur und bildende Kunst aus den vergangenen Jahrzehnten, die, irgendwie und sowieso, einfach zur „Allgemeinbildung für Angeber“ dazugehören. Wir finden, sie passen ganz gut hierher. Einfach so ...

Vorsicht!
Bildungshäppchen

„Ulysses" von James Joyce
Was man uns darüber auf Partys erzählt, ist dies: Auf parallel und gleichzeitig ineinander verschachtelten Erzählebenen, die gleichermaßen komplex wie simplifiziert sind, beschreibt der große irische Schriftsteller die Kausalität und gleichzeitig die Modalität des Menschen im Umbruch auf der ständigen Suche nach dem Sinn im Sein.
Was bedeutet das? Ein unscheinbarer Mann namens Leopold Bloom streunt einen Tag durch Dublin und sinniert über Weiber, Saufen und manchmal auch noch Politik.

Vorsicht!
Bildungshäppchen

„Der Richter und sein Henker"
von Friedrich Dürrenmatt
So klingt's bei den Superschlauen: Der Schweizer Dramatiker rechnet hier gnadenlos mit der korruptiv-bourgeoisen Schweizer Geldadels-Szenerie ab, der er in Form eines literarischen Kriminalmodells vorwirft, vom Nationalsozialismus profitiert zu haben. In unvergleichlicher Manier hält er der Dekadenz den Spiegel vor die verderbte Fratze der geheuchelten Unschuld.
Was bedeutet das? Dürrenmatt – der alte Zyniker – hat einen wirklich spannenden Krimi geschrieben, der manchmal ein bisserl melancholisch daherkommt und bei dem sich am Ende der Gute als Henker entpuppt und der Alte als heimlicher Richter.

Vorsicht! Bildungshäppchen

„Der Zauberberg“ von Thomas Mann

Folgendermaßen könnten Sie im „Literarischen Quartett“ auftreten (wenn es das noch gäbe): Voller Metaphysik und geheimnisvollen Unterströmungen lässt Thomas Mann seine Hauptfigur an Allegorien scheitern und offenbart die ganze Zerbrechlichkeit der menschlichen Psyche in der morbiden Atmosphäre der physischen Katharsis. Ganz offenkundig ein Rückgriff auf Schopenhauers Thesen.

Was bedeutet das? Ein gewisser Hans Castorp hat keine rechte Lust auf den Arbeitsalltag, besucht einen Verwandten im Lungensanatorium und bleibt gleich sieben Jahre in der guten Bergluft.

Vorsicht! Bildungshäppchen

Joseph Beuys (1921-1986)

Eindruck schinden lässt sich mit folgender Erklärung: Seine Arrangements der täglichen Essentials führen uns gleichermaßen Vergänglichkeit und bleibenden Wert des Lebens vor Augen. Die geniale Schlichtheit der Objekte konzentriert den Blick auf die Relevanz des Moments.

Was das bedeutet: Der Düsseldorfer Kunstprofessor legte Fettecken auf Stühle, beschmierte Badewannen, schichtete Erde und Gras zu kleinen Häufchen. Kunst? Ansichtssache. Sehr umstritten.

Eigentlich nehme ich lieber die gute Landbutter –
Rama tut´s auch.

Vorsicht! Bildungshäppchen

Niki de St. Phalle (*1930)
Die Wissenden sagen: Die Verifizierung des ewig Weiblichen und die Darstellung der monumentalen Dominanz des Matriarchats erhebt Niki de St. Phalle zur Ikone des emanzipatorischen Ringens, auf dessen Altar auch das gängige Schönheitsideal geopfert werden kann.
Was das bedeutet: sehr runde Skulpturen von sehr dicken Frauen, ohne Gesichter.

Vorsicht! Bildungshäppchen

Roy Lichtenstein (1923-1997)
So steht's in einschlägigen Katalogen: Dieser konsequente Vertreter der Pop-Art benutzt die anarchistische Kultur der Comicstrips als Medium, um die dramatische Trivialität des Moments transparent zu machen.
Was das bedeutet? Lichtenstein malte aus kleinen Pixeln überdimensionale, einzelne Comic-Bilder, die genau das aussagen, was in den Sprechblasen steht.

Smalltalk …

… oder die Kunst, nichts sagend gut über die Runden zu kommen. Was nutzt die schönste Allgemeinbildung, wenn man sie nicht anwenden kann? Das Feld, auf dem sich Gebildete tummeln, nennt man neudeutsch „Smalltalk“. Dafür geben wir Ihnen im Folgenden mit ein paar Zitaten, mit denen Sie garantiert den Eindruck eines gut informierten Menschen hinterlassen, etwas „Futter“.
Es gibt viele Übersetzungen und Interpretationen dieses englischen Begriffs aus dem Gesellschaftsleben. „Kleines Gespräch“ ist die wörtlichste, aber leider auch die am wenigsten treffende Übersetzung. Denn ein Gespräch setzt in der Regel bei den Beteiligten zumindest den Willen zum Inhalt voraus. Dies ist beim echten Smalltalk allerdings nicht gegeben.
Auch die Interpretation, wonach „Smalltalk“ die Unterhaltung mit einer schmallippigen, wortkargen Person sei, trifft den Kern nicht. Meist sind es im Gegenteil vor allem vollmundige und volllippige Zeitgenossen, die den Smalltalk ganz besonders pflegen.
Eine der besten Beschreibungen entstand erst in den vergangenen Jahren und stammt leider von einem Unbekannten:

„Smalltalk ist wie das geeinte Europa –
man kann ganze Bibliotheken damit füllen!“

Mit dieser Erkenntnis haben Sie sich bereits das Grundkapital eines erfolgreichen Smalltalkers geschaffen.
Doch aufgepasst – beim Smalltalk ist es wie an der Börse: In ganz kurzer Zeit kann man sein gesamtes Kapital durch unvorsichtige Geschäfte loswerden. Verspielen Sie Ihr Kapital nicht durch vorschnelles Handeln. Marktbeobachtung ist wichtig. Der Markt der Eitelkeiten wird Ihnen ganz von allein die Informationen für Ihre eigenen Aktivitäten liefern. Ihre ersten Handlungen für einen erfolgreichen Smalltalk müssen demnach sein: beobachten, hinschauen, nichts übersehen.

Was hat Frau Müller heute für ein Kostüm an? Wieso hinkt Herr Mayr schon wieder? Wer ist denn die Begleiterin von Herrn Direktor Friedrichsen? Was – Frau Seger hat schon wieder einen neuen Brillanten am Dekolletee?
Nicht nur das genaue Hinschauen ist für einen Smalltalk unerlässlich. Sie werden es vielleicht nicht glauben, aber das wichtigste Organ für den erfolgreichen Smalltalker ist nicht der Mund, sondern – das Ohr. Durch gutes Zuhören erfahren Sie nämlich die Neigungen und Abneigungen Ihrer Talkpartner, die aktuellen Themen der Smalltalk-Society. Und dann können Sie einsteigen: Endlich können Sie selbst diesem Laster frönen, das so gar nichts kostet, aber – wenn man es beherrscht – so enorm viel Spaß bereiten kann.
Für den perfekten Smalltalker gibt es zwei Möglichkeiten: Erstens den direkten Einstieg in den Smalltalk à la: „Das ist ja interessant, etwas Ähnliches ist mir kürzlich auch passiert!" oder zweitens den persönlichkeitsschonenden indirekten Smalltalk-Input, bei dem Sie sich auf andere Quellen stützen, wie zum Beispiel Zeitung, Fernsehen, Radio, Freunde, Bekannte und natürlich dieses Buch. Man sagt dann etwa: „Das habe ich auch schon gehört/gelesen/gesehen, aber eigentlich nicht so recht glauben können."
Mit diesen beiden Möglichkeiten des Einstiegs sind Sie drin im Talk. Man wird Sie bestätigen, belehren oder Ihnen widersprechen. Aber Sie sind drin. Jetzt hängt es von Ihrem Geschick ab, die Themenkreise anzusteuern, von denen Sie wenigstens ein bisschen Ahnung haben, denn das ist wichtig.

Lesen bildet – auch für den Smalltalk

Da wir uns in unserem Buch vornehmlich um die Allgemeinbildung und weniger um das private Miteinander der Menschen gekümmert haben, hier ein paar kluge Worte rund um die Bildung, die wir uns durch Lesen aneignen. Wobei sicher auch eine Menge an Bildung dazu gehört, zu wissen, was bei Kollegen/Nachbarn/Verwandten zurzeit Sache ist. Nennen wir es „soziale Bildung"? Aber darüber schreiben wir vielleicht demnächst …

Vom Schlechten kann man nur zu wenig und das Gute
nie zu oft lesen, meinte *Arthur Schopenhauer*.

Was nicht zweimal lesenswert gewesen,
das war nicht einmal lesenswert, sprach *Friedrich Rückert*.

Viel Lesen macht stolz und pedantisch;
viel Sehen macht weise, vernünftig und nützlich;
davon war *Georg Christoph Lichtenberg* überzeugt.

Er meinte aber auch: Es gibt sehr viele Menschen,
die bloß lesen, damit sie nicht zu denken brauchen.

Das sollte uns zu denken geben, und darauf sollten wir noch ein paar böse Zitate setzen:

Mitunter las ich ein Buch mit Vergnügen
und verwünschte den Autor.
Jonathan Swift

Man liest manches Buch mit einem Gefühl,
als ob man dem Verfasser ein Almosen erteilte.
Friedrich Hebbel

Besonders ergiebig ist natürlich wieder mal der gute alte *Johann Wolfgang von Goethe*:

Und dass deine Söhne nur lesen,
sofern es zum Sinne ihrer Bildung gehört.

Du bist über die Kinderjahre, du musst also nicht nur zu deinem Vergnügen, sondern zur Besserung deines Verstandes und deines Willens lesen.

Welchen Leser ich mir wünsche? Den unbefangensten, der mich, sich und die Welt vergisst und in dem Buche nur lebt.

So viel zum Thema Lesen. Und was liest man denn so? Bücher natürlich. „Man" kann zwar auch Fachzeitschriften „zugeben", „man" liest natürlich auch „Spiegel", „Zeit", „Stern" und was es sonst noch an „besserem" informativem Lesestoff – neben der Tageszeitung – gibt. Apropos Tageszeitung: Selbst wenn Sie die Bild-Zeitung jeden Morgen einfach brauchen – nie, nie, nie dürfen Sie das zugeben! Als Tageszeitung wählen Sie sich – zumindest für den Briefkasten und somit die Nachbarn – ein seriöses Blatt: die „Süddeutsche" etwa, die „Welt", die „Frankfurter Allgemeine" oder das „Hamburger Abendblatt".

Schon der alte *Goethe* – wir kennen ihn bereits – meinte allerdings:

Wenn man einige Monate die Zeitungen nicht gelesen hat
und man liest sie alsdann zusammen, so zeigt sich erst,
wie viel Zeit man mit diesen Papieren verdirbt.

Und er fügt hinzu: In den Zeitungen ist alles Offizielle
geschraubt, das Übrige platt.

Und außerdem reimt er:
Der Zeitungsschreiber ist wirklich zu beklagen.
Gar öfters weiß er nichts, und oft darf er nichts sagen.

Aber nun zurück zum Thema Literatur und Buch. Da ist die Fülle der Zitate fast unerschöpflich – schauen Sie nur:

Bücher haben ihre Schicksale.
Terentianus Maurus

Es gibt weder moralische noch unmoralische Bücher.
Bücher sind gut oder schlecht geschrieben, sonst nichts.
Oscar Wilde

Ist der Roman obszön und blutig,
nennt der Verlag das Opus mutig.
Volker Ludwig

Mehr als das Gold hat das Blei in der Welt verändert.
Und mehr als das Blei in der Flinte der Setzkasten.
Georg Christoph Lichtenberg

Die Erfindung des Buchdruckes
ist das größte Ereignis der Weltgeschichte.
Victor Hugo

Ein Buch hat oft auf eine ganze Lebenszeit
einen Menschen gebildet oder verdorben.
Johann Gottfried Herder

In den Büchern liegt die Seele vergangener Zeiten.
Thomas Carlyle

Ein sicheres Zeichen von einem guten Buch ist,
wenn es einem immer besser gefällt, je älter man wird.
Georg Christoph Lichtenberg

Die besten Bücher sind die, von denen jeder Leser meint,
er habe sie selbst machen können.
Blaise Pascal

Die nützlichsten Bücher sind diejenigen,
welche den Leser zu ihrer Ergänzung auffordern.
Voltaire

Wir lesen Bücher, die Alten lasen Menschen.
Karl Julius Weber

Wenn ein Kopf und ein Buch zusammenstoßen
und es klingt hohl, ist denn das allemal im Buch?
Georg Christoph Lichtenberg

Ich hasse Bücher. Sie lehren uns nur über Dinge reden,
die man nicht versteht.
Jean-Jacques Rousseau

Gewisse Bücher scheinen geschrieben zu sein,
nicht damit man daraus lerne, sondern damit man wisse,
dass der Verfasser etwas gewusst hat.
Johann Wolfgang von Goethe

Der Umgang mit schlechten Büchern ist oft gefährlicher
als mit schlechten Menschen.
Wilhelm Hauff

Dort, wo man Bücher verbrennt,
verbrennt man am Ende auch Menschen.
Heinrich Heine

Und was wird nun über die Schreiberlinge selbst gedacht,
gesagt, geschrieben? Folgendes:

Gedanken sind nicht stets parat.
Man schreibt auch, wenn man keine hat.
Wilhelm Busch

Schreiben ist geschäftiger Müßiggang.
Johann Wolfgang von Goethe

Ein sicheres Zeichen von einem guten Buch ist,
wenn es einem immer besser gefällt, je älter man wird.

Berühmt zu werden, ist nicht schwer,
man darf nur viel für kleine Geister schreiben.
Doch bei der Nachwelt groß zu bleiben,
dazu gehört schon etwas mehr.
Johann Fürchtegott Gellert

Es gibt überall verschämte Arme, nicht nur in der Literatur.
Marie von Ebner-Eschenbach

Selbst die besten Schriftsteller reden zu viel.
Luc de Clapier, Marquis de Vauvenargues

Lobt ihn – er schmiert ein Buch, euch zu loben.
Verfolgt ihn, schmiert er eins, euch zu schelten.
Er schmiert, was ihr auch treibet, ein Buch.
Friedrich Schiller

Deshalb:

Man schaffe sich daher so viele Bücher an,
wie genug ist, aber keine des bloßen Prunks wegen.
Seneca

Nun sind Sie erst mal gut gerüstet. Mit diesen Zitaten erweisen Sie sich entweder als profunder Kenner der Materie oder aber Sie nehmen jedem literarischen Angeber den Wind aus den Segeln. Ganz gleich, wofür Sie sich entscheiden oder was die Situation erfordert: Sie sind auf jeden Fall Herr (oder Dame) der Lage und machen bei literarisch gebildeten Mitmenschen den entsprechend positiven Eindruck. Bei den anderen ist es sowieso wurscht ...

Themen für den Smalltalk

Kommen wir noch einmal zum Smalltalk. „Small" steht ja auch für „wenig/ein bisschen". Wenn Sie unsere bisherigen Kapitel sorgfältig durchgelesen haben, dann haben Sie ja jetzt zu etlichen Themen ein wenig zu sagen.

Sehen Sie sich aber vor: Drei Themenkreise sollten Sie tunlichst aussparen, weil dort selbst „small" schon „zu viel" sein könnte. Das sind:

- Religion: Etwaige Diskussionen über dieses problematische Thema vermeiden Sie mit dem bewährten Ausstiegszitat Friedrichs des Großen: „Jeder soll nach seiner Façon selig werden."
- Politik: Allen Diskussionen über diese vielschichtig-undurchsichtige Materie entgehen Sie mit dem Fluchtpunkt: „Wenn ich meine, dass etwas geändert werden muss, dann rede ich nicht, ich handle."
- Krankheiten: Sämtlichen Diskussionen über solch delikate Dinge begegnen Sie mit der Blockade: „Ich wünsche jedem beste Gesundheit. Der Rest ist Sache seiner Ärzte." Krankheiten sind auf jeden Fall ein heikles Thema, trotzdem aber sehr beliebt.

Ganz gleich, um welches Thema der Smalltalk sich dreht, ganz gleich, ob Sie eine Bauernregel, ein Sprichwort oder das Zitat einer Berühmtheit in das Gespräch einbringen – eine eiserne Regel gilt immer: Nichts kann

- abgedroschen
- abgeschmackt
- alltäglich
- banal
- einfach
- geist-, ideen-, einfalls-, gehaltslos
- nichts sagend
- oberflächlich
- platt
- phrasenhaft
- seicht
- trivial
- verbraucht
- witzlos

genug sein, um nicht beim Smalltalk verwendet zu werden. Wie das Leben so spielt, gibt es natürlich ein paar wundervolle Weisheiten, die immer und zu jedem Thema passend erscheinen. Wie wäre es etwa mit:

Leben ist die Kunst,
aus falschen Voraussetzungen
die richtigen Schlüsse zu ziehen.
Samuel Butler

Leben heißt kämpfen.
Seneca

Das Leben ist die Suche
des Nichts nach dem Etwas.
Christian Morgenstern

Das Leben besteht in der Bewegung.
Aristoteles

Alle kräftigen Menschen
lieben das Leben.
Heinrich Heine

Das einzige Mittel,
das Leben zu ertragen, ist:
es schön zu finden.
Rudolf Leonhard

Das Leben ist eine Komödie für den Denkenden
und eine Tragödie für die, welche fühlen.
Hippokrates

Verachte das Leben,
um es zu genießen.
Jean Paul

Das ganze Geheimnis,
sein Leben zu verlängern,
besteht darin,
es nicht zu verkürzen.
Ernst Freiherr von Feuchtersleben

Erfahrung ist der Name,
mit dem jeder seine Dummheiten bezeichnet.

Lebe, wie du, wenn du stirbst,
wünschen wirst, gelebt zu haben.
Christian Fürchtegott Gellert

Nur der Denkende erlebt sein Leben.
Am Gedankenlosen zieht es vorbei.
Marie von Ebner-Eschenbach

Leben ist eine Komödie für den Reichen,
ein Spiel für den Narren,
ein Traum für die Weisen und
ein Trauerspiel für die Armen.
Scholem Alejchem

Was wäre man auch in einem Smalltalk ohne Erfahrungen und dazu passende Zitate, die man locker ins Gespräch einstreuen kann! Etwa:

Die ganze Weisheit junger Toren
ist keinen Tag Erfahrung wert.
Gottlieb Konrad Pfeffel

Erfahrung ist der Name,
mit dem jeder seine Dummheiten bezeichnet.
Oscar Wilde

Wer nicht den Verstand seines Alters hat,
der hat das ganze Unglück seines Alters.
William Shakespeare

Spruchreif: Sprichwörter aus aller Welt

Und dann erst die Sprichwörter! Wirklich, in fast jedem Land der Erde kann man welche finden, die einem Smalltalk gut zu Gesichte stehen. Und die immer, zu wirklich jedem Thema passen:

Das Leben ist eine Quarantäne für das Paradies.
Aus Arabien

Das Leben des Menschen ist
wie eine Kerze im Wind.
Aus China

Erfahrung tut mehr
als des Meisters Lehr'.
Aus Deutschland

Es ist leicht zu sterben,
aber schwer zu leben.
Aus Japan

Erfahrung ist ein langer Weg
und eine teure Schule.
Aus Deutschland

Ist die Birne reif,
fällt sie selber vom Baum.
Aus Bulgarien

Wenn ihre Zeit gekommen ist,
platzen die Pfirsiche im Schatten.
Aus Japan

Wer früh zum Manne reift,
bleibt lange jung.
Aus Island

Was reif ist,
ist schon halb verfault.
Aus Rhodesien

Man kann nicht beides haben:
den Rahm und die Butter.
Aus Norwegen

Ein schlechtes Gedächtnis ist nicht Schicksal!

Sie leiden unter einem schlechten Gedächtnis? Das sollten Sie schleunigst ändern – weil Sie sich für den Smalltalk an alles erinnern müssen, was die anderen schon an Weisheiten von sich gaben. Und wenn Ihnen dann ein vergesslicher Smalltalker gegenübersteht, können Sie solch erhabene Sätze von sich geben wie etwa:

Ein Kopf ohne Gedächtnis ist
eine Festung ohne Besatzung.
Napoleon I.

Vergeben und vergessen heißt,
kostbare Erfahrungen zum Fenster hinauswerfen.
Arthur Schopenhauer.

Wer immer die Wahrheit sagt,
kann sich ein schlechtes Gedächtnis leisten.
Theodor Heuss

Jemanden vergessen wollen
heißt an ihn denken.
Jean de La Bruyère

Wo der Anteil sich verliert,
verliert sich auch das Gedächtnis.
Johann Wolfgang von Goethe

Es ist kein Haar so klein,
dass es nicht seinen Schatten hat.

Das zum Gedächtnis passende Sprichwort heißt natürlich:

Was man nicht im Kopfe hat,
muss man in den Beinen haben.

Ebenfalls ein beliebtes Thema für den Smalltalk ist das Schicksal an sich. Und auch dazu haben wir natürlich was gefunden:

Der Charakter ist das Schicksal des Menschen.
Heraklit

Der Zug des Herzens ist
des Schicksals Stimme.
Friedrich Schiller

Das Schicksal mischt die Karten,
und wir spielen.
Arthur Schopenhauer

Keinem erscheint das Schicksal so blind
wie dem, den es nicht begünstigt.
François de La Rochefoucauld

Aus nichts wird nichts.
Lukrez

Die Schotten sagen:
Es ist kein Haar so klein,
dass es nicht seinen Schatten hat.

Wie man sich bettet,
so liegt man.
Ein *deutsches Sprichwort*, das immer passt.

Genauso wie dieses *aus Russland*:
Wie du den Kuchen gebacken hast,
so wirst du ihn essen müssen.

Oder jenes *aus Italien*:
Gott schickt uns das Fleisch,
aber der Teufel die Köche.

Oder dieses *aus Deutschland*:
Wer zum Galgen geboren ist,
ersäuft nicht.

Und noch eins *aus Deutschland*:
Du musst ein guter Kerzenmacher sein,
wenn du Gott eine wächserne Nase drehen willst.

Auch *die Holländer* kennen sich aus:
Den Wind kann man nicht verbieten.
Aber man kann Mühlen bauen.

Aus Malta stammt:
Das Rohr bewegt sich nicht ohne Wind.

Immer für einen Spruch gut: das liebe Vieh

In der Tierwelt gibt's oft gute und durchaus nicht hinkende Vergleiche, die sich im Smalltalk besonders wirksam einsetzen lassen. Zum Beispiel ein Sprichwort:

Um eines Hufeisens willen
verdirbt oft ein Pferd.
Aus Spanien

An der Leine fängt
der Hund keinen Hasen.
Aus Bulgarien

Dem Vogel ist ein einfacher Zweig lieber
als ein goldener Käfig.
Aus Russland

Wer von anderen abhängt,
soll sich selbst bei ihrem Hund beliebt machen.
Aus Japan

Nur einmal geht
der Fuchs in die Falle.
Aus Bulgarien

Ein alter Panther kehrt
nicht zur gleichen Stelle zurück.
Aus dem Sudan

Ein alter Rabe
krächzt nicht ohne Grund.
Aus Russland

Ein Misthaufen
verträgt eben nur einen Hahn!
Aus Deutschland
(wenn's z. B. mal um einen Streit in Führungsetagen geht)

Doch nun genug der tierischen Weisheiten. Sie müssten jetzt gerüstet sein, um jeden Smalltalk blendend (im doppelten Wortsinne!) zu bestehen.